未来に輝け！

スペシャルタレントの子どもたち

不登校・ひきこもりの解決方法

学びリンク総合研究所所長

森　薫

学びリンク

スペシャルタレントの大人たちへ

自分の才能を活かした仕事や職業
自分らしい生き方

スペシャルタレントとして輝く子どもたち

自分に合わせて（マイペース）
自分らしく（マイシステム）　　を見つける
自分の居場所（マイスペース）

悩める子どもたち
上から目線の学校が合わず
不登校、引きこもりへ

まえがき

中学校教師として、思春期の峠で苦しむ子どもたちの応援団として、走り回っているうちに、学校生活で苦戦する子どもたちの多くに、似たような気質が存在することが見えてきました。

まじめで柔軟《じゅうなん》性に乏《とぼ》しい、言葉や行動がその場の空気にそぐわない、ちょっとしたことにこだわってしまい、仲間とトラブルを起こしてしまう。からかいやいじめにあいやすいなど、人間関係能力に弱さが見られます。そのために、集団生活にストレスを感じ、自分の居場所を見つけることができずに、学校生活に苦戦することになりやすいのです。

しかし、これらの子どもたちの多くは、素晴らしい才能を内に秘めていました。音楽や絵画をはじめとする芸術領域《りょういき》におけるシャープな感性、スポーツ領域に必要な動体視力など、特別な才能（スペシャルタレント）を持っていたのです。私はこれらの子どもたちを、尊敬を込めてスペシャルタレントと呼び、仲間や教師、そして親からも理解されにくいこの気質を、ＳＴ（スペシャルタレント）気質と呼ぶことにしました。

ＳＴ気質の子どもたちが、あるがままの自分でいられ、自らの才能を天まで伸ばせるように、残りの人生をかけて応援していきたいと思っています。この本がＳＴ気質を理解し、応援していただけるきっかけになることを願ってやみません。

森　薫

第三章　ST気質の子どもについて（Q&A）

第四章　ST気質の子どもたちが考えていること（Q&A）

第五章　ST気質の子どもとの向き合い方（Q&A）

序章　あしたあおうよ

「今日、これから新しい学校に出向いて、担当の先生とお会いするのですけど、あの子のことをどう伝えたらいいかわからなくて相談に来ました。このままだと、上手く伝えられそうにないんです」

学びリンクの相談会でお会いしたことのある四十代のお母さんは、カウンセリング室に入ってくるなり、そう切り出しました。

夫の母親と同居するこの女性には、二人のお嬢さんがいますが、中高一貫の私立中学の二年に在籍する妹のほうが、不登校になってしまったのです。学校から、このままでは進級できないと告げられ、夫の母親にも責められて、途方に暮れて相談会にみえたのでした。

その後、中学二年のお嬢さんを連れて、カウンセリングを受けに来られたのですが、お嬢さんは、私がサポートの対象としてきた、スペシャルタレントの子どもであることがわかりました。不登校の原因も、その内なる気質（スペシャルタレント気質）が、周囲に理解してもらえないところにあったのです。本人は極めてピュアで、思いやりに富《と》む優しい子どもでした。しかし、複雑なコミュニケーションが苦手で、言葉がストレートなため、仲間とのトラブルが絶えなかったのです。このころは家でも荒れることが増えていたようです。

「主人は、『子どもの悪いところを全部話して来い。そのうえで、こんなに手がかかりますがよろしくとお願いしてくるんだぞ！』と言うのですけど、私には抵抗があるんです」

「そうですよね。悪いところばかり一方的に並べられたら、学校側にも否定的な先入観が生まれかねません。学校の身構えた姿勢は、否定的なメッセージとして、お嬢さんには伝わってしまうと思います。私には、お嬢さんのいいところがたくさん見えました。そのいいところをたくさん見つけて、伸ばしてもらえるように、いいところをたくさん伝えてください。そのうえで、こんな課題も抱えていますので、よろしく！　というほうがいいと思います」

「でも、いいところがなかなか見つからなくて……」

「そうですか。私には、ピュアで明るく、お母さん想いの素敵なお嬢さんに見えました。私の話も集中して聴いてくれましたし、あいさつも立派でしたよ」

「そう言っていただくとうれしいです。家では、ダメだダメだとダメ出しばかりしてしまうのです。だからこのごろ、『お母さんは私がこの家にいない方がいいんだね』って、泣かれてしまって」

「タワシを投げつけられると、心のエネルギーは低下するんです」

「タワシって、なんですか?」

「亀の子タワシって知ってます?」

「ええ」

「あれを、思いっきり投げつけられたら痛いですよね」

「そりゃあ、痛いです」

「お母さんは、毎日、その亀の子タワシを何十個も、お嬢さんに投げつけているんです」

「……」

「これをタワシ型コミュニケーションって名付けているんですけど、お母さんのタワシ型コミュニケーションシステムではお嬢さんの幸せホルモンは出てきません」

「幸せホルモン？」

「そう、幸せホルモンの代表的なものは、ドーパミンという神経伝達物質《しんけいでんたつぶっしつ》ですが、周囲の人が笑顔で頷《うなず》いてくれたり、『ありがとう！』って声をかけてくれたりすると、ドバッと分泌《ぶんぴつ》するのです。そうすると、やる気と元気が湧いてきて幸せな気分になれます」

「へぇっ、そうなんですか」

「このごろ、お母さんの笑顔消えていませんか？」

「きっと消えていると思います。娘のことが気になって、夜も眠れないんです。あの子を残して先に死ぬわけにはいかないって、そんな思いが、いつも頭に張り付いていて離れないのです」

「それで、肩に力が入って、タメ息ばかりついて？」

「そうです。もう眉間にしわが増えてきて、『あんたのせいだよ！』って、今朝も怒鳴ったばかりです」

「お嬢さんのようなスペシャルタレントの子どもに、タワシを投げ続けると、ストレスが溜まり、そのストレスは、周囲に対する攻撃的な行動につながるか、あるいは自分の身体を攻撃して、身体的な症状を生み出すかのどちらかにつながります。どちらにしても幸せにはつながりません」

「………」

「子どもを幸せにするためには、〝あしたあおうよ〟という言葉を子どもにたくさんかけてあげることが大事です」

「明日会おうよ？」

「そうです。

あ　愛している
し　幸せ
た　楽しい
あ　ありがとう
お　おかげさま
う　嬉しい
よ　よかった

と、言葉にたくさん出してください。そのうえで、笑顔で抱きしめてあげたら、子どもたちの心のエネルギーはみるみる回復し、不登校も乗り越えることができます」

「明日会おうよ！　いい言葉ですね。早速家でやってみます」

「お願いします。それから、転校先の中学校に向かう間に、お嬢さんのいいところを十個見つけ出し、それを必ず学校に伝えてください。そうすれば、学校もお嬢さんのいいところをもっともっと伸ばしてくれると思います。愛するわが子のために、〝行ってらっしゃい！〟」

第一章

私が出会ったスペシャルタレントの子どもたち

読書が大好き文学少女のゆみちゃん

ゆみちゃんと出会ったのは、四十歳代の後半に、中学校の通常学級の担任から、通級《つうきゅう》指導学級の担任へと異動してすぐでした。

そのころ、東京都の通級指導学級の制度は、まだスタートしたばかりで、不登校の子どもを中心に受け入れる学級と、学習障がい（LD）などの、発達に偏《かたよ》りのある子どもを中心に受け入れる学級の二種類に分かれていました。私の学級は、発達に偏りのある子どもたちが中心でしたが、実際には、自分の教室に入れない不登校傾向の子、机の前にじっと座っていることが苦手なヤンキー君、さらには受験勉強で疲れたエリート君など、さまざまな子どもたちが居場所を求めてやってきました。本来は、週に一日か二日通級し、ソーシャルスキル（人と交わる力）のトレーニングをする場所ですが、いつの間にか、集団生活に苦戦する子どもたちのたまり場、カウンセリングルームと化してしまったのです。それだけ、通常学級での生活に、息苦しさを感じる子たちが増え続けていた証しでしょ

うか。

そんな教室に、毎日昼休みと放課後にやってきては、教室のすみっこの本棚の前で、うずくまるようにして本を読みふけっていたのが、ゆみちゃんという中学一年生の女の子でした。

「この教室は、学校のほかの場所と違う空気が流れているから、居心地《いごこち》がいいの！」と、笑顔で話してくれました。しかし、一心不乱《いっしんふらん》に読書に集中すると、時間の観念《かんねん》がなくなり、放っておくと、授業に遅れることもしばしばでした。また、声をかけると、ぜんまい仕掛けの人形のようにあわてて走り出したのはいいけれど、方向オンチのために、教室に戻れず、廊下で立ち往生《おうじょう》することも一度や二度ではありませんでした。時間と空間の認知《にんち》に弱さがあるのです。

また、教室で男の先生に、大きな声で怒られて、「鬼が出た！　鬼に喰《く》い殺される！」と泣き叫んで、逃げ込んできたり、笛の音とピストルの音が苦手で、体育の授業の直前になると、泣きじゃくって、教室の内側から鍵をかけて閉じこもったりと、毎日のように、ゆみちゃんの周囲ではトラブルが起きました。根気よく、彼女の言い分を聞いてあげるうちに、少しずつトラブルは減っていきましたが、唯一《ゆいいつ》の仲良しに、「髪が臭い！」とストレートに言って、仲間たちからつるし上げを喰《くら》ってからは、教室がこわいと言いだして、私の側で過ごすことが多くなっていきました。

読書好きの私には、心を開いて、自分の好きな物語を楽しそうに語るだけでなく、自分の創った物語も見せてくれるようになりました。その表現力は、とても中学一年生が書いたものとは思えないほどで、その豊かな才能に驚かされるとともに、大きな年齢差を超えて、いつの間にか文学仲間というような関係が生まれていきました。

母親が図書館に勤めていることもあり、すでに、日本文学全集、世界文学全集などを読破《どくは》しており、その読書量は私の想像をはるかに超えるものでした。一人っ子で、仲間づくりも上手ではなかったので、本だけがお友だちという子ども時代だったようです。物語だけでなく、詩を創作する力も、目を見張るものでした。

しかし、先生方には、自己中心的でわがままなトラブルメーカーとして、さんざんに否定され、その素晴らしい才能は誰にも評価してもらうことはなく、常に呼び出しをくう母親はノイローゼ気味でした。

私は、彼女の脳のエネルギーの分配率が、外からはうかがい知れない〝内なる感性〟に偏り、〝社会性〟にはほとんど配分されていないことを感じたので、彼女には、当面《とうめん》〝社会性〟を要求することをやめ、彼女の得意分野を承認し、まずはその長所を伸ばすことで、自己肯定感を高めようと考えました。私はあらゆる場面を通して、周囲の人たちに彼女の才能を語り、彼女の活躍の場を創り出すことに腐心《ふしん》しました。そして、文化祭で、彼女の自作の脚本を上演するまでにこぎつけたのです。

それは多くの人たちから好評を得て、彼女は〝変な人〟から〝才能豊かな人〟という評価を勝ち得て、本来の集団のなかに、自分の居場所を獲得《かくとく》したのです。

私にとって、忘れられない出会いの一つです。

アニメ博士のなつみちゃん

最初に会ったとき、あまりにも小柄なので、中学二年生とはとても思えなかっ

たなつみちゃん。小学校の五年生から不登校になり、中学校も数日行ったきりで、ほとんど引きこもり状態でした。父親は中央省庁《ちゅうおうしょうちょう》のエリート役人で、母親は専業主婦でしたが、夫婦にはあまり会話がなく、すれ違いが生じていたようです。それは、父親の最終学歴がわが国の最高学府《がくふ》であったため、わが子にもそれなりの学力を身につけさせなければというプレッシャーが大きく、さらには住まいがエリートの集まる国家公務員宿舎ということで、その教育熱に拍車《はくしゃ》がかかったことは、想像に難《かた》くありません。その母親に対して、父親は忙しい仕事を理由にサポートが弱かったようです。

なつみちゃんは、母親の期待に反して、小さいころから人見知りが激しく、幼稚園に慣れるのにも随分《ずいぶん》と時間がかかりましたが、小学校の低学年までは、父親の厳しい姿勢もあって、何とかおとなしい優等生として、学校生活を続けることができました。しかし、高学年になると、たびたび登校しぶりを示し始め、ついには、四肢《しし》が硬直する起立性調節障《きりつせいちょうせつしょう》がいを引き起こして、登校できなくなったのです。その後は、ほとんど引きこもり状態になりました。

ご両親の相談を受けて本人に会ってみると、人見知りと聞いて心配していたのですが、私を気に入ってくれたのか、初めて会ったにもかかわらず、大好きなアニメのキャラクターの話をうれしそうにしてくれました。私もその後、一生懸命アニメのキャラクターについて勉強したことで、話が合うと安心できたのか、何回か家庭訪問するうちに、私の教室への体験通級を約束してくれたのです。

しかし、不登校の子どもたちは、登校の約束をしていても、朝になると、さまざまな心身症状が出て、登校できなくなることが多いので、多くを期待していなかったのですが、なつみちゃんはきちんと支度をして、玄関の前で待っていてくれました。引きこもりで、足腰が弱くなっていたので、私の教室までゆっくりと、道端の野の花の観察をしながら歩いたのですが、なつみちゃんは草花や昆虫のことだけでなく、宇宙のことにも驚くほどの知識があり、聴いているだけで本当に勉強になりました。しかし、言葉の端々《はしばし》に、お母さんの期待に応えられない自分を責める言葉が出てきました。何回目かの体験通級の帰り道、泣きながら、リストカットの跡を見せてくれたのですが、何本もの赤い線が細い手首に刻まれていて、「辛かったんだね！」と、こちらもついもらい泣きをしてしまいました。

私の教室でのマイペースの生活が許容《きょよう》されたため、なつみちゃんは、水を得た魚のように制作活動に取り組むようになりました。その中心はアニメのキャラクター画のデザインをすること、そしてそのデザインをさまざまな小物に刺繍《ししゅう》することです。その集中力といい、デザインといい、それは見事なものでした。そのことをほめるとさらに質が高まり、時間を忘れて制作に没頭《ぼっとう》しました。私は、彼女が次々と創り出す作品を教室に飾りました。まさに、ミニ美術館です。彼女は、アニメという確固《かっこ》たる自分の世界を持っていたのです。しかし、その世界は、常に急きたてられ、競争を強いられ、みんなと同じ時間内に同じことをやり切ることを、要求される世界とは共存できなかったのでしょう。彼女のガラス細工のように、鋭《するど》くてもろい感性は、思春期のストレスの多い集団生活に悲鳴をあげ、心身をコントロール不能の状態に追いやったのです。

マイペースで、自らの感性を思う存分表現することを許される、安心できる居場所を手に入れることができたとき、彼女の内なる能力（スペシャルタレント）は開花し、両親も、彼女を条件付きで愛するのではなく、そのあるがままの姿を受け入れることができるように変わっていったのです。アニメ博士のおかげで私もアニメに詳しくなりました。

工作の天才ひろし君

通常学級で毎日のようにトラブルを起こす中学一年生のひろし君。

その背景には、ひろし君が怒り出すように、ひろし君が嫌がる言葉を投げかける、不快な音を立てる、人に触れられるのを極端《きょくたん》に嫌うひろし君の頬をわざと撫《な》でる、背中に物をぶつけるなどのゲームが仕掛けられていたのです。ひろし君が怒り出せば、手がつけられなくなり、授業が中断されるのをみんなが知っていて、クラス全体に暗黙《あんもく》の協力関係が成立していたと言えるでしょう。

そのたびに私の教室に伝令がやってきます。そこで、私が駆けつけて、ひろし君の興奮《こうふん》を鎮《しず》めるというのが、毎日の日課のようになっていました。

ひろし君は、一人っ子であり、両親は共に教師でした。勉強はできるのですが、極端に運動が苦手で、ソーシャルスキルにも弱さが見られ、仲の良い友だちは誰もいませんでした。パニックを起こしたひろし君をなだめながら、私の教室につれてくると、獣《けもの》が獲物《えもの》を見つけたときのように、眼が活き活きと輝きだす

のです。まず、壁の絵やカレンダーの位置がずれていないか確認します。そして、パソコンやテレビ、本の位置を確認し、少しでもずれていたら、いつもの位置に直し、黒板の下にあるチョーク入れのチョークも、色ごとに決まった本数を補《ほ》てんしてくれるのです。また、黒板の汚れが気になると言っては、ピカピカになるまで磨きあげてくれます。その間、口を挟《はさ》むことは許されません。

ほどほど、適当ということがなく、自分が納得のいく完璧な状態でないと、気持ちが落ち着かないというのです。おかげで、私の教室はいつもピカピカですが、こんなに一つひとつのことにこだわっていては、一日の終わるころには、疲《ひ》労困憊《ろうこんぱい》だろうと、心配でなりませんでした。

一通りのこだわりの儀式が終了すると、今度は教室の戸棚に並んでいる工作キットを取り出します。これは、この教室に通ってくる生徒たちのための、美術・技術の教材なのですが、ひろし君が片っ端から作りあげてしまうので、予算のこともあり、内心困っていました。そこで、少々値は張りますが、一人で仕上げるのには、少なくとも二～三か月はかかるという、動くロボットの工作キットを購入することにしたのです。機械音痴の私には、複雑な配線図が満載の工作テキストを見ただけで、吐き気をもよおすほどでしたが、ひろし君は、その一cm以上の厚さがあるテキストをパラパラとめくっただけで、さっさと作業に取りかかったのです。そして、眼にも留まらないほどの超高速で、一心不乱に組み立てを進めました。そして、驚くことには、その間、一度もテキストの配線図を見直そうとしないのです。あのパラパラとめくっただけで、すべてが頭に入ったとでもいうのでしょうか、そして、わずか一日で完成させてしまったのです。夕方、教室を動き回るロボットを見て、その信じられない光景に、今度はこちらがパニックを起こすところでした。

それからは、理科の実験用具や体育科の計測器具などの修理を頼むことにしました。彼は活き活きと仕事をし、いつしか修理名人、工作名人と呼ばれるようになり、周囲も一目置くようになりました。トラブルも減少し、偏りはあるものの、数学を中心とした学習成績も向上していきました。

ひろし君は、五感のなかでも、特に視覚能力が優れ、彼の眼はカメラのシャッターのような能力を持ち、一度、図面を見ると、そのすべてが写真のように眼に刻み込まれるのです。ゆえに、そのあとはテキストの図面や配線図を見返すこともなく、必要に応じて、脳のフィルムの収納庫から、アウトプットすれば済むことになります。さらに指先の抜群の器用さとあいまって、あのような神技が生まれたのです。人間関係能力においては、バランスの悪さが目立ちましたが、物作りにおいてはまさに天才でした。

彼もまた、スペシャルタレントだったのです。

絶対音感の持ち主たかし君

たかし君は、幼いころに両親が離婚し、母親は育児能力がなかったために、二つ下の妹と共に、児童養護施設に預けられ、そこから地域の中学校に通っている中学二年生の男子でした。

小柄で、表情は暗く、話す能力はあるにもかかわらず学校などで話すことができなくなる場面《ばめん》かん黙《もく》でした。幼いころ、父親に虐待《ぎゃくたい》を受けたことが、場面かん黙の原因であろうというのが、施設の担当者の説明でしたが、施設でもほとんど口を開くことはなく、一人音楽を聴いているとのことでした。

たかし君は、知的な遅れはありませんでしたが、仲間と交流しようとしないので、通常学級では指導が難しく、少人数の学級でなら手厚い対応ができるということで、特別支援学級に措置《そち》されたようです。その特別支援学級の教室の隣に、私の仕事場である通級学級の教室が新設されたのです。たかし君は、最初のころは、おずおずと休み時間にやって来ては、物珍しそうに教室の備品を触っては楽しんでいましたが、私の笑顔を見て安心したのか、そのうちに教室の片隅にあるピアノを弾くようになりました。最初は、子どもらしいアニメの主題歌のようなアップテンポの曲が中心でしたが、次第に、それをアレンジして、聴くだけで心が癒《いや》されて、生きていることに幸せを感じるような曲想へと変化していきました。ピアノを弾いているときのたかし君の顔は、いつもと違い、自信に満ちて晴れ晴れとしていました。

あるとき、聴いた曲があまりにも素晴らしいので、何とかテープに入れてくれないかと頼んだところ、私の教室のパソコンを使って、納得のいくまで編集にこだわって、ＭＤに落として私の教室にプレゼントしてくれました。その仕事ぶりはまさしくプロ顔負けで、ＩＴオンチのアナログ人間の私にとって、彼は神さまのように見えました。私が大喜びして、彼の小さな身体を抱き上げると、「先生、痛いよ！」と初めて言葉を発したのです。

私は、たかし君に疑問に思っていたことを問いかけてみました。

「たかし君は、譜面《ふめん》を見ないでピアノを弾くけど、全部頭に入っているの？」

「うん」

「何度か聴いたら、もう弾けちゃうの？」

「うん」

やっと疑問が解けました。たかし君は、絶対音感の持ち主だったのです。

だからこそ、あれほどの演奏も、そして、癒しに満ちたアレンジも可能だったのでしょう。

翌日から、彼は次々に曲を創り始めました。それは、どれも人の心を打つものでした。そして、私の教室から流れる美しい音楽を聴いて、廊下で立ち止まる生徒が増え、いつしか、昼休みは黒山の人だかりとなり、ミニコンサートの様相《ようそう》を呈《てい》することになりました。なかには、家族の誕生日祝いにと、世界で一枚だけのオリジナルMDをおねだりする生徒もいて、たかし君は大忙しとなりました。

それまでたかし君は、二重に差別されてきました。施設の子であること、特別支援学級に在籍していること、この二つの彼の責任ではない理由で、彼の内なる能力は評価されることなく、否定的なメッセージにさらされ続けてきたのです。その否定的なメッセージが彼の心を閉ざさせ、言葉によって、自分の思いを発信しようという思いを萎《な》えさせてしまったといえるでしょう。

自分の内なる能力（絶対音感）が、周囲に承認されることによって、たかし君は、言葉を発するようになっていきます。温かな太陽の陽《ひ》ざしが旅人のコートを脱がせたように、たかし君へ降り注ぐ肯定的なメッセージが、彼の周囲への人間不信という、冷たい固まりを溶かせたのでしょう。

今でも、たかし君のピアノの音が耳によみがえってきて、心の疲れを癒してくれます。

囲碁・将棋の達人あつし君

あつし君は、いじめを受けて、小学四年生から不登校になった子どもでした。中学一年で一〇〇kg近い体重があり、運動は大の苦手でした。

私と会ったときは、家でも人と会うのが嫌で、自分の部屋の机の下にもぐって暮らしているというありさまでした。私の教室にも、校舎の裏側を人目を避けて登校して来ます。極度に人の視線を恐れ、いじめのトラウマも解消されてはいませんでした。教室に入ると、すべてのカーテンを閉め、安心できる居場所づくりに徹底《てってい》してこだわります。口も重く、思うようにコミュニケーションも成立しませんでした。

そこで、無言のままでも一緒に作業できる、コラージュや似顔絵書き、粘土細工などに時間を割きましたが、顔を上げることはありませんでした。しかし、そのうちに、オセロやトランプなどの対面ゲームを取り入れると、がぜん眼の色が変わってきました。徹底して、勝ち負けにこだわり、とにかく強いのです。それ

からは、あつし君のほうから私を囲碁に誘うようになりました。囲碁には若干《じゃっかん》の自信があり、少し力の差を見せてやろうと思って、勇《いさ》んで対局したのですが、あつし君の力量にはびっくり仰天《ぎょうてん》でした。とても太刀《たち》打《う》ちできるものではありません。すぐさま、「プロの道を進んだらどうか」と、アドバイスしたほどです。

その後、対戦した将棋も同じでした。本人によると、将棋なら、少なくとも三十手先まで読むことができ、囲碁なら、最後の局面が見えるというのです。こんな天才に勝てるわけがありません。

この自分の圧倒的勝利に気を良くしたのか、苦手な運動にも取り組むようになりました。最初は、校舎裏でのキャッチボールから始めサッカーのパス練習、そして、体育館でのバスケットボールやバドミントンにも挑戦するようになり、最も苦手としていた水泳にも挑戦するようになったのです。初めてプールの水に顔をつけられたときの、あつし君の達成感にあふれた嬉しそうな顔が忘れられません。

スペシャルタレントの応援団になる

これまで紹介したこの五人は、中学校の通級指導学級の担任時代に出会ったスペシャルタレントの子どもたちです（なお、個人情報の保護のため、登場人物は仮名とし、学年も変えてあります）。

どの子も、思春期の集団生活において苦戦していました。友だちからも、教師からも否定的な扱いを受け、愛する家族にも思うように理解してもらえず、あるときは、丸ごと人格を否定するような言葉さえ、浴びせかけられていたのです。

しかし、共通していたのは、内なる豊かな才能（スペシャルタレント）を持ち合わせていたということであり、それが認められたとき、彼らは、生きる力を取り戻し、自らの才能を発揮し始めたのです。そのあと私が、通級指導学級で出会った子どもたちのほとんどがスペシャルタレントでした。

私は、これらのスペシャルタレントの子どもたちとの交流を通じて、多くのことを学びました。出会った子どもたちの一人ひとりが、私にとってのかけがえのない「先生」でした。しかし、この〝先生〟たちにとって、中学校卒業後の進路は決して明るいものではありません。欠席が多い、学力に偏りがある、協調性に難点があるなど、足りない部分のみがクローズアップされ、希望の進路を手に入れることができないのです。

そこで、私は、これらのスペシャルタレントの子どもたちが、あるがままを受《じゅ》容《よう》され、内在する豊かな才能を引き出してもらえる、安心できる居場所としての、新しい学びの場を創りたいと思うようになりました。そして、スペシャルタレントの子どもたちの自己実現の場として、広域の通信制単位制高校の立ち上げに参加したのです。その学校が全国に展開するキャンパスには、次々にスペシャルタレントの子どもたちが、入学・転学してきて、スタッフと子どもが共に学び共に育ち合う〝共育〟が展開され始めました。スタッフは、一人ひとりのニーズに必死に応えようとするなかで、スペシャルタレントの子どもへの理解が深まり、素晴らしい応援団に成長していきました。

私は、この体験を支えに、二〇一二年の春から、通信制高校に学ぶ約十九万人の子どもたちの心理支援を行うために、学びリンク総合研究所の所長に転じ、苦戦するスペシャルタレントの子どもたちの応援団として、そしてその家族の応援団としての活動を開始しました。

第二章は、二〇一二年九月二日に実施された、専門学校 東京ネットトウエイブでの学びリンク総合研究所主催の講演会の内容をまとめたものです。そのために文体が違っており読みづらい面があることをお許しください。

第二章

講演録
「不登校を生み出す特別な気質とは」

スペシャルタレントの子どもとは…

優れた集中力や
こだわりを持った
子どもたち

人間関係能力に
弱さがある

そのため
誤解されやすく、理解されにくい

そのために、
持っている才能が…

発揮されない！
不登校になりやすい！
ひきこもりやすい！

スペシャルタレントの子どもが輝くためには

まずは不登校・ひきこもりを解消する

不登校の子どもの気持ち

・自信がない

・必要とされていない

・愛が欲しい

社会の理解がないため
自信を失っている

そのためにご家族は

・今まで頑張ってくれたことに"ありがとう"と伝える

・子どものいいところを探して子どものファンになる

・あるがままを受け入れる

子どもに自信をつけさせる

不登校になりやすいスペシャルタレントの子どもたち

私が名付けたST（スペシャルタレント）気質の子どもたちとは、五感力（視覚・聴《ちょう》覚・味覚・嗅《きゅう》覚・触覚）に優れ、興味・関心のあるものに対しては、無類の集中力を発揮する子どもたちのことです。

何よりも本が好きだったり、耳が敏感でほかの人よりたくさんの音を聞き分けられたり、電車の名前を小さなころから全部覚えてしまったりします。ほかの人が困難に感じるようなことでも、追究心をもって臨むことができ、学歴などに左右されずに、自分の個性を活かした仕事に将来は就いていく、とても豊かな才能を持った子どもたちです。私は中学校、通信制高校での経験からこういう子どもたちにたくさん出会いました。しかし、実はこういう子どもたちには共通した特徴があります。それは思春期の学校生活のなかで苦戦し、〝不登校〟になりやすいということです。

不登校の子どもたちから見えた特別な才能

〝不登校〟というとネガティブなイメージがあり、負《ふ》の存在として見られがちです。実際に不登校というだけで辛い思いをしている子どもやお母さんは、日本全国にたくさんいると思います。私も長らく思春期応援団として、思春期の学校生活で辛い思いをし、傷ついたたくさんの子どもたちと接してきました。そして、一緒に過ごすうちに私はその子たちの、まだ開花していない、特別な才能を垣間《かいま》見ました。また、不登校を乗り越え花開いていく姿も見ることができました。それは、不登校の子どもの多くが内包している素晴らしい才能であり、反面で不登校の原因となってしまうものです。それは思春期の人間関係では苦戦を強いられるが、しかし、将来的にはあらゆる分野で活躍できる、素晴らしい可能性を秘めた気質です。私はその気質をＳＴ気質と名付けて、その気質を持った子どもたちを応援する活動を続けてきました。

小さいころは〝昆虫博士〟

私が接した子どもたちを見ると、ＳＴ気質を持った子どもは全体の三割近くいると感じています。この子どもたちは五感力に優れ、自身の興味・関心に並々ならぬ集中力を発揮します。小さいころには昆虫の種類が全部言えたり、表現力が豊かで絵が上手だったりと知的に高いところがたくさんあります。自分の好きなことに一直線なので、小学校低学年あたりまでは昆虫博士や電車博士などと呼ばれ、その専門的な知識によって、仲間からも一目置かれる存在として、それなりの学校生活を送ることができます。

しかし、思春期になるとＳＴ気質の子どもたちは大きな壁にぶつかります。実はこの気質の子どもたちは、自分の好きなことにより多くエネルギーを注ぐ反面、〝人間関係能力〟に大きな弱さがあるのです。

豊かな才能の代わりに人間関係能力が弱い

クラスの大半を占めるノーマル気質の子どもたちは脳のエネルギーの分配率が社会性に七割、自身の興味・関心事に三割という割合です。しかしＳＴ気質の子どもたちは、自身の興味・関心事に七割の集中力を注ぎ、社会性に注ぐエネルギーは三割程度とまるっきり反対です。実は思春期の学校生活で要求される能力は、学力ではなく人間関係能力です。ＳＴ気質の子どもたちは自分の専門分野に注ぐエネルギーにあふれているので、自分の研究や勉強、芸術活動などを続けていくのは得意ですが、学校のような集団生活において社会性を発揮《はっき》するのはとても苦手です。ノーマル気質の子どもたちほどは人間関係に脳のエネルギーを向けられません。

社会人になれば、いくらでも逃げ場はあります。人と接する仕事を選ばないで、人間関係にエネルギーを使わなくて済む研究職に就くとか、デザイナーになって、人と違うその個性が尊重されるとか。しかし、学校社会ではなかなかそういうわけにはいきません。人と上手くやれて友だちがいて当たり前、毎日通って当たり前、集団生活が当たり前の環境が押し付けられるのです。

【ST 気質脳のエネルギーの分配率】

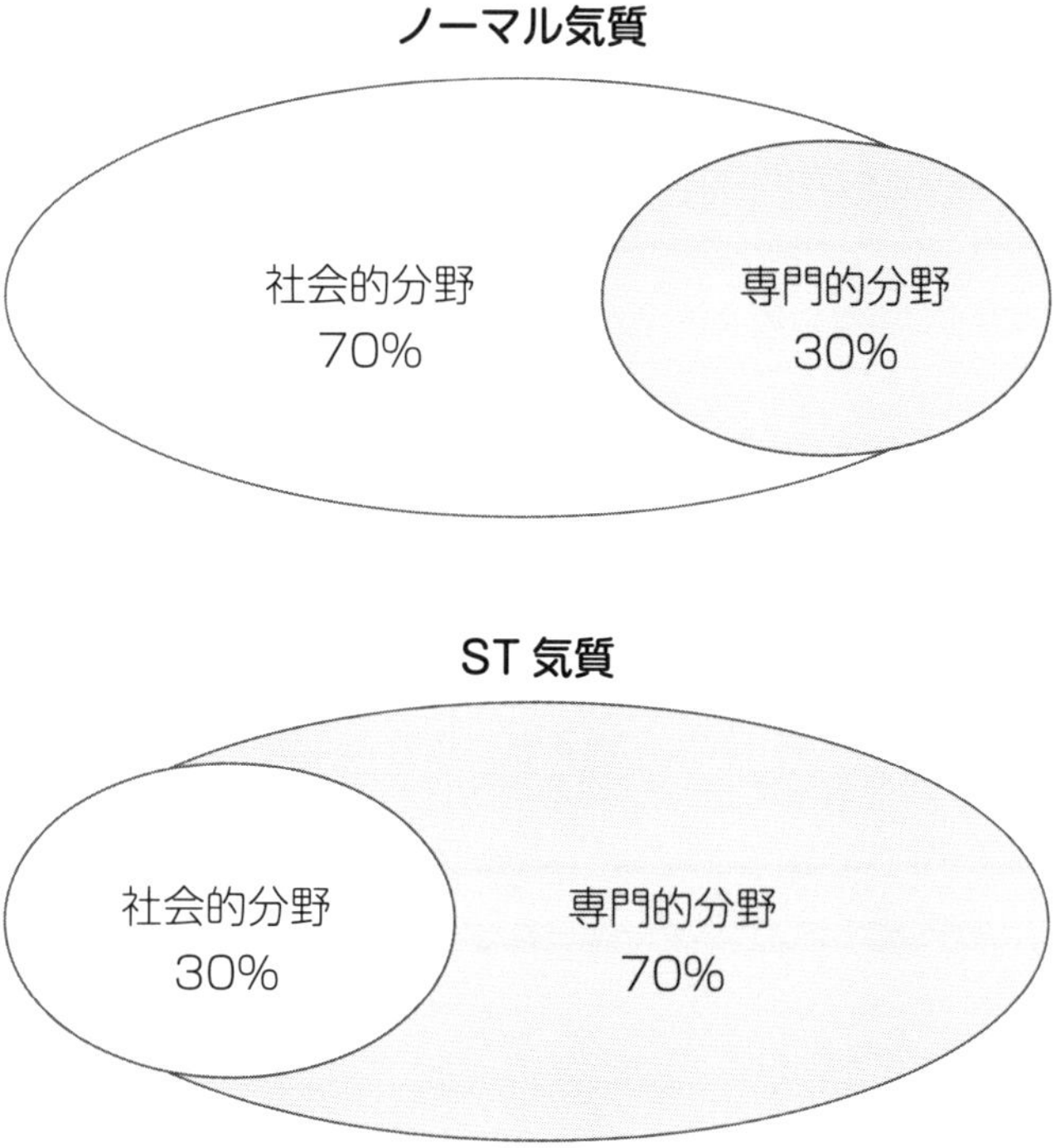

思春期の〝序列〟のなかで距離感がつかめない

思春期はクラスのなかで序列ができます。タメ語で話せる仲間、普通に話す仲間、やっかいで気を遣う仲間です。ノーマル気質の子どもたちは学校生活で、仲間の呼び方、声のトーン、話す内容を相手によりスムーズに使い分けます。仲のいい子には「○○ちゃんそれ貸して！」とぞんざいに、ちょっと距離感のある友だちには「○○さんそれ貸してもらってもいいかな？」とていねいに。

しかし、ＳＴ気質の子どもは、こんなふうに、仲間の呼び方を使い分けるのが苦手です。それが上手くできるほど脳のエネルギーが人間関係に配分されないのです。クラスのボスにタメ語を使ったり、逆に誰にでもやたらにていねいだったりと、周りが、「え？」と思うようなことをしてしまいます。つまりは〝空気が読めない〟のです。

そのうえ、ＳＴ気質の子はとても一直線でまじめな子が多く、一度思い込んだことを切り替えるのは苦手です。そのため、幼稚園の先生に〝ウソはいけません〟と習ったことは、思春期までずっと守ります。〝イタズラがばれないようにウソをつく〟、〝みんなに合わせて適当に流す〟、〝建前と本音を使い分ける〟といったことは苦手です。大多数の子どもは周囲の空気を敏感に感じ取って、イタズラがばれないようにウソをついたり、周りのムードに合わせたりしますが、ST気質の子どもたちは頑《かたく》なにそういったことができないので、さらにクラスのなかで浮くことになるのです。すべてにおいて変な子扱いをされて、集団に「異和《いわ》感《かん》」を生《しょう》じさせることになります。〝空気の読めない堅くてダサい子〟というレッテルを貼られてしまうのです。

大縄跳びをイメージしてもらうとよくわかります。順番が来るとどんどんみんな跳んでいく。それで失敗してもみんなは「ごめーん、ひっかかっちゃった」で済む。ところがこのST気質の子は失敗がとても耐えられない。仲間の視線も過度に気になります。必ず成功するために、じーっと大縄の様子を見るわけです。どのくらいの間合いで回っているのか、どこで入れば成功するのか……。きちんと納得しなければ行動に移せないのです。そのうち周りから、トロい、いらつく、空気読めよと責められてしまうのです。また、失敗したらものすごいショックを受けてしどろもどろになったりして白い眼で見られます。決してワザとではありません。しっかり情報を集めて考えて行動に移すのも、ST気質の子どもたちの才能であり、固有のシステムなのです。しかし思春期のクラスではこれが受け入れられません。一生懸命やればやるほどマイナスになり、クラスで浮いていきます。今起きているいじめにはこういう背景があると、私は思っています。

人付き合いのトラブルに眼がいき才能が埋もれる

ST気質の子どもたちは、その才能や長所は気づかれないまま、学校社会では、どんどん弱者になっていきます。本人はそもそも悪いと思ってやっているわけではないので、「どうしてできないのだろう」と、どんどんストレスが溜まります。この子どもたちが持っている「こだわり」が良いふうに働けば、さまざまな才能と結びついて伸びていきますが、悪いほうに働くと、一度気になったことが切り替えられない、嫌なことが忘れられない、周りに合わせることができないなど、ストレスを蓄積《ちくせき》し、集団生活が嫌になってしまうのです。

もし、学校の先生や周りの大人が、このＳＴ気質の子どものの、「興味・関心事に向けるエネルギーのすごさ」に気づいて、引っ張り上げることができれば、周りにも認められて、ストレスが処理され上手くいくこともありますが、ほとんどの大人は一人で黙々とやっている独特な才能よりも、人付き合いの弱さやトラブルに眼がいきます。そして、この子どもたちの才能は、どんどん眼の前のトラブルに埋もれていってしまうのです。

それから、「学校が楽しくない」、「行きたくない」という登校しぶりも現れます。ここが大切ですが、このとき大人が「学校には行くべきだ」、「頑張れば行けるでしょ？」と対応すると、ＳＴ気質の子どもは手を抜くことができないのでとことん頑張って、あるときパタッと倒れてしまうのです。もともと、いい加減だから学校に行きたくないのではなく、一生懸命に頑張っているのに、学校のしくみが合わないためにストレスを溜めているのです。そこで、大人が学校の都合に合わせて、無理矢理子どもを学校に追いやると、取り返しのつかない二次障がいを引き起こし、不登校を長期化させる原因となります。

ストレスを溜める〝のび太型〟が深刻

溜まったストレスは大きく分けると、〝ジャイアン型〟と〝のび太型〟の二つになって現れます。まずジャイアン型は人や物にあたります。わめいたり、手が出たり、物を壊したり、我慢できないときには授業を飛び出す。反社会的な行動をとって、万引きを繰り返す、無免許でバイクを飛ばすなど、ストレスを表に出します。本人はそれほど意識していなくても、トラブルを頻繁《ひんぱん》に起こすので親や先生を困らせます。しかし、ストレスは外に向けて発散されるので、身体や精神に影響しにくいタイプです。

一番やっかいなのはのび太型です。のび太型の子は、ジャイアン型のように外に向けて発散できないので、いつの間にかストレスでいっぱいになります。お腹が痛くなり、頭が痛くなり、耳鳴りや目まい、ひどくなると吐き気もする。突発《とっぱつ》性の難聴《なんちょう》とか、突発性の失語症で声が出なくなる、悪くなると起立性調節障《きりつせいちょうせつしょう》害がいという四肢《しし》が硬直する症状が出て寝たきりになることもあります。精神的にも不安定になります。統合失調症《とうごうしっちょうしょう》と診断されることもでてきます。人から睨《にら》まれている気がする、誰かに悪口を言われている気がする、耳のなかでいつも音がしている気がするという状態です。

うつ病になることもあります。仮面うつというのは最初はイライラして怒りっぽくなり、突然泣き出したりもする。そして本格的なうつになると、人と会うのも嫌、何もしたくない、生まれてくるべきではなかったと「死」を考える状態です。自分の生命をかけて内なる辛さや哀しみを表現します。のび太型の子どもたちはぎりぎりまで我慢するので、初期の段階から症状が重くなることが少なくありません。こうなると命を守るためには〝不登校〟という道しかないのです。

不登校は心身ともに悲鳴をあげた状態

この才能あふれる子どもたちが幸せを切り開いていくにはどうしたらいいか。まずは子どもを休ませてあげてください。不登校になった状態というのは、そのまじめな子どもたちがもう限界で、心身ともに悲鳴をあげている状態です。まずは、休ませて英気《えいき》を養ってあげてください。このとき学校に子どもを無理に戻すことは絶対によくありません。学校側は必ず不登校の子を学校に戻すように言います。しかし、それは学校側の都合です。子どもはやっと地獄のような状態から脱け出したのです。何も変わっていない学校に、連れ戻される苦痛は事態を悪化させます。保護者の方々は徹底《てってい》して子どもの視点に立って判断してください。

子どもたちは条件付きの愛ではなく、無条件の愛を求めているのです。子どもからすれば、ただ学校に行けないというだけで自分自身は何も変わっていないのに、学校に行っている間は、あれほど笑顔で愛してくれ、自慢の子どもだと評価してくれていた母親が、学校に行けなくなった途端《とたん》に冷たくなり、期待はずれで、夢も希望もなくなったという、冷ややかなメッセージを送ってくるとすれば、心に深い傷を負うことになるでしょう。

「あるがままじゃダメなのだ、いつでも笑顔で、何でも頑張れる自分じゃないと、受け入れてもらえない」と感じるのです。

私が不登校になった子どもたちに「何が一番傷ついた?」と聞くと、「お母さんから笑顔が消えたこと」と答えます。

「お母さんがため息をつきながら、買い集めた精神障がいの本を読んでいる。自分が病人と思われるのも嫌だけれど、もっと辛かったのはお母さんをそこまで追い込んでしまったという事実だった。そんなお母さんを見た瞬間に部屋から出られなくなってしまった」と言います。子どもたちは不登校だろうと、登校しぶりだろうと愛して欲しいのです。これらの子どもに大事なことは、条件付きの愛ではなくて、丸ごと愛することです。そのためには、まず「ありがとう」と言ってあげてください。「お母さんのために頑張ってくれてありがとう。無理して学校に行かなくていい。まずはゆっくり休みなさい」と伝えるだけで子どもはとても安心します。これが再生への確かな一歩なのです。

マイペースが許される場所で能力を発揮

落ち着いてきたらマイペースが許される場所を見つけてください。自宅で学校をつくるホームスクール、フリースクール、少人数の適応指導学級、通信制高校にいく方法もあるでしょう。なるべく少人数で大人のサポートが手厚いところを見つけてください。例えば、疲れたときに一人になれるスペースがある。気軽に相談できる大人が身近にいるなどは大切です。ST気質の子どもたちは一対一の人間関係や落ち着いて話せる空間なら、自分たちの得意分野を発揮できます。この子たちが人間関係に余分な力を使わなくてもいい場所を探しましょう。

家庭でも子どものパーソナルスペースをつくりましょう。ゆっくり音楽が聴ける、絵が描けるなどリラックスする空間が必要です。緊張していたら力は出ません。リラックスすると本当の力が湧いてきます。大人だってお風呂に入っているときとか、素敵な景色を見ているときとかにアイディアが閃《ひらめ》きますよね。ゆっくりできる場所で回復する力をさらに養いましょう。

また、こういう子どもたちに、友だちをたくさんつくりなさいと要求するのはもうやめましょう。安心できる本当に仲の良い友だちが一人か二人いるだけで十分なのです。つまり、子どもを学校などの集団に合わせる発想から、その子に合った環境を用意する発想に切り替えることが大切です。

小さな頑張りと変化を見逃さない

ある程度回復してきたら、得意分野を見つけましょう。不登校になった子どもたちは自尊心がとても低くなっています。周りと上手くやれなかった自分がとても嫌いです。しかし、得意分野は必ずあります。ただ、子どものうちは自分の才能も良さにも気づけていないだけです。家族みんなで子どものファンになって、それを見つけて磨いてください。ときには先生やカウンセラーと一緒になってどんな力を持っているかを探しながら元気づけて欲しいのです。子どもは変化にすぐに気づきます。自分に否定的なメッセージが降りかかっているか、それとも素晴らしい可能性を持つ子どもという肯定的なメッセージが降り注いでいるか。

以前私が会った家族で、引きこもりになった子がいました。お母さんはどうしていいかわかりません。でも、いろいろ話をしてみると、とても味覚が鋭《するど》い。初めは下手でもとりあえず料理を作らせて、そしてほめてもらいました。そのうちにすごい料理を作り始めて、近所の人にも驚かれるほどの腕前になりました。

そこから実際に料理人になっていくのです。要するに人と違う才能を見つけることと、急かさないことがとても大事です。不登校を否定的に捉《とら》えないで、その子が本当にやりたいことを見つけるためのお休みと考えてください。そして小さな頑張りと変化を最大限評価してあげることが、とても大事です。子どもの小さな頑張りを見つける力を、家族はぜひ持って欲しいと思います。

最先端と伝統文化でST気質の力を発揮できる

私は、ST気質の子どもたちに海外留学をおすすめします。海外でのコミュニケーションはYESとNOがはっきりしていて、自分の思いをストレートに伝えられるので、ST気質の子どもたちにとても向いています。日本のように裏を読む必要がない。嫌なことは嫌、して欲しいことはして欲しいと言えばいい。そこで、居場所を見つけて活き活きすることもあるでしょうし、日本で居心地が悪いと感じても海外があると思えば、I am OK. という心情になります。

それから科学・芸術分野です。自分のペースで、興味・関心のあるものを徹底して追求できる分野はST気質にとても合っています。ノーベル賞を取る研究者の多くがST気質だと思います。それから第一次産業の農業・林業・漁業。人との関わりより自然に向き合って、一生懸命誠実に作業して自然の恵みを受ける業界は合っていると思います。それから伝統工芸分野。徹底してこだわって納得のいくものを創りだす。誰にはばかることなくひたすら作品に取り組むことができる世界は、ST気質にはピッタリです。また、ファッションやデザインなど最先端を行く業界、ゲームやアニメの世界もいいと思います。日本でも先端ファッションで活躍されている人はほとんどこういう気質の方々ですね。

それから保育・介護・理学療法士《りがくりょうほうし》。非常にピュアで誠実なので任された仕事を一生懸命やります。理学療法士のリハビリなどのマンツーマンの仕事も自分のペースで取り組めるので非常に合っていると思います。

ST気質の子どもたちは自分の好きなことにとことんこだわりを持って努力するので、スポーツ分野でもスターになることも少なくありません。例えばメジャーで活躍するイチロー選手も、子どものころから友だちと遊ぶよりは、一人でバッティングセンターに通いつめ、こだわりの強い練習をしていたといいます。スポーツ選手や科学者、芸能人、医者、弁護士、大学の先生などこだわりを持って勉強してきた方の多くがこの気質を持っていると私は考えています。強いこだわりと内なる能力が上手く結びついたときに、自己実現ができるのです。

笑顔で不登校というメッセージを受け止めてください

自分の子どもが不登校だからと落ち込む必要はありません。不登校は子どもたちの〝自分らしく生きたい〟というメッセージです。

学校システムのなかでは自己実現できないため、自分の才能を活かせる別の場所を探したいという、子どもたちの魂のメッセージなのです。学校に通うのが常に正しいわけではありません。少し人間関係が苦手でも、その分ほかと違う才能を持っているのは、とても素晴らしいことです。

また、不登校は家族が絆を取り戻す絶好の機会です。家族一丸となって、困難と向き合うために、本当の意味で夫婦の絆が回復され、また家族の絆も回復されます。今、不登校真っただなかにいらっしゃる方は、苦しくて大変だと思いますが、子どものあるがままを受け止めて、笑顔を忘れないでください。「勉強ができる」「友だちと上手く付き合える」という学校社会における勝利者になることを要求するよりも、「わが子が自分のやりたいことを見つけて一生懸命生きていく」個性的な生き方を応援してください。必ず、道は開けます。

第三章

ＳＴ気質の子どもについて（Ｑ＆Ａ）

ST 気質の優れている部分 苦戦する部分

んー？
どのタイミングで
入ればいいの？？？

ST（スペシャルタレント）気質の子どもは、優れた才能を持っていますが、みんなに合わせることは苦手です。特に、苦戦する部分が強く出てしまうとクラスの輪に入ることが難しくなってしまいます。

優れている部分
今日はシュート練習しようかな
苦戦する部分
おまえは素振り100回!!
怖いな…でも、頑張らなきゃ

● 自分のペースで
技術を究めるのが得意

● 上から目線の指示、命令が苦手

● 物ごとを徹底して追求する

● 正直で正義感が強いために
クラスで浮いてしまう

● 五感力に優れている

● 空気が読めず言葉がストレート

Q　スペシャルタレントの子どもたちとは

感度の良い五感力（視覚・聴《ちょう》覚・味覚・嗅《きゅう》覚・触覚）を内に秘めた、才能豊かな子どもたちのことです。絵画や音楽、スポーツの分野などで、その才能が発揮《はっき》されます。

その一方で、自分のペース、自分のシステムで生活できない集団生活は苦手です。その場の空気を読んで、柔軟《じゅうなん》に対応することや、相互《そうご》の感情交流が上手くできないために、人と交わることにストレスを感じて、心身に不調をきたすこともあります。

急かされたり、指示・命令されたりすることにも、上手く折り合いがつけられないために、自己チュー、わがままだと否定的に評価され、自己否定感が強まることもあります。

今の学校制度のなかでは、肯定的なサポートを得られないために、特に思春期の時期に苦戦し、スペシャルタレントの子どもの多くが、自己実現の機会を奪われ、不登校や中退に追い込まれています。

Ｑ　ＳＴ気質とは

豊かな五感力とこだわりの強さが特徴です。

こだわりと五感力の鋭《するど》さが結びつくと、芸術分野やスポーツ分野、物作りの分野での活躍につながります。

こだわりの強さが、芸術性へのあくなき追求や、スポーツでの記録向上を生み出すのです。未来への大きな可能性を持つ気質といえるでしょう。

一方で、こだわりが強いために、何でも自分が納得しないと取り組むことができません。そのために、子どものころは、人に比べて物ごとに対する取りかかりが遅くなったり、みんなと同じ取り組みを拒否したりすることもあります。

しかし、自分の興味・関心のあることが見つかると、一心不乱《いっしんふらん》に集中し、時間を忘れて取り組むのです。ただ、一方的に中断を要求されると、気持ちの切り替えがきかず、トラブルになることも少なくありません。

物ごとを○か一〇〇、好きか嫌いか、敵か味方か、成功か失敗か、勝ち負け、白か黒、という二分法で判断する傾向があり、曖昧《あいまい》なグレーゾーンという状態を受け入れることが難しいのです。

また、相手の肯定的な部分より否定的な部分が気になることが多く、それを口に出さずにはいられないため、ストレートな物言いとあいまって、周囲の人を傷つけたり、誤解されたりすることも少なくありません。

急かされたり、大声で叱られたりすることにも強い抵抗を示します。自分のペースが乱され、自分の世界が侵されたように感じ、折り合いを付けることができないからです。それゆえに、自己チューでわがままだ、協調性に欠けると非難されることにつながるのです。

私は、このST（スペシャルタレント）気質を、脳のエネルギーの分配率が、興味・関心につながる五感力に七割、人と上手に付き合う社会性に三割というふうに偏《かたよ》る、アンバランス気質とも呼んでいます。

Ｑ　大人でもST気質はあるのでしょうか

子どもがＳＴ（スペシャルタレント）気質の場合、両親のどちらか、ないしは両方がＳＴ気質ということが過去の事例では一般的でした。また、両親にＳＴ気質の特徴が出現していない場合でも、祖父母まで遡《さかのぼ》るとＳＴ気質の存在を確認することができました。

私は、家族のなかにＳＴ気質が複数以上存在する家族を、ＳＴ家族と呼んでいます。

今までの例では、両親と子ども四人の家族全員がＳＴ気質であったことがありますし、祖父、父親、孫と三代揃《そろ》ってＳＴ気質という例はたくさんあります。

しかし、同じ兄弟姉妹でも、幼いころから、ＳＴ気質の特徴が出現する場合と、思春期になってＳＴ気質の特徴が明確になる場合などさまざまですし、同じ兄弟姉妹でもＳＴ気質の特徴が出現しないことも少なくありません。

また、祖父が人間関係において、空気が読めない一方的支配型（ジャイアン型）である場合、父親は面倒な人間関係を苦痛に感じる逃避型《とうひ》（のび太型）になりやすく、孫は、祖父に似るという事例もよく眼にします。

夫婦の一方がST気質の場合、双方向のコミュニケーション、感情の交流が成立しにくいため、不全感《ぶぜんかん》が強まります。特に夫がST気質の場合、仕事の面で成功者であっても、妻がこの気質の否定的な部分のみに眼がいくと、離婚につながったり、妻が精神的に病んでしまったりすることも多いのです。

ST家族が幸せになるためには、何より、ST家族自身が自己認知を深めることが大切であり、家族の肯定的な部分を認め合うコミュニケーションが欠かせません。また、周囲の理解と支援も大切です。

Q　発達障がいとどう違うのでしょうか

発達障がいという呼称《こしょう》については、大きな違和感があります。

それは人間の否定的側面のみを取り出した、周囲の人々に偏見《へんけん》を生《しょう》じやすい呼称だからです。もっと人間を丸ごと評価して欲しいと思います。

近年、学校現場では、先生方が指導に困難を感じる〝困った子どもたち〟に、発達クリニックや心療内科の受診をすすめる動きが強まっています。

診断名がつくと、「ほら、やっぱりね！　だから、大変だったんだよ」と、指導の困難さを子どもの発達障がいに転化《てんか》したり、担任を回避《かいひ》する理由にしたりと、発達障がいの子どもたちを、特別支援教育の名のもとに通常学級から排除《はいじょ》する傾向もあります。

発達障がいと診断される子どもたちは増え続けるばかりですが、診断名がついたからといって、その支援方法が変わるわけではありません。否定的側面のみに眼がいって、その部分のみを矯正《きょうせい》しようとすれば、子どもたちはたちどころに二次障がいを引き起こし、二度と集団生活に戻れないようなトラウマを背負うことになるでしょう。子どもたちの肯定面を評価し、そこを伸ばしていくしか指導法はないのです。

発達障がいというだけで、身構えてしまう大人たちは少なくありません。現に私が関わっていた通信制高校でも、発達障がいの生徒が転校してくるというだけで、キャンパス中に緊張感が走りました。しかし、実際に転校してきた生徒は、人なつっこく、誰にでも話しかける語学の天才でした。黙々と絵を描く少女であったり、法律にとても詳しい青年であったりと、尊敬に値する生徒たちでした。障がいという呼称が、先入観や偏見で人を縛り上げてしまうのです。

そこで私は、発達障がいと診断された子どもたち、及びそれと一部重なる気質を持つ周辺の子どもたちを含めて、素晴らしい才能をもつ〝スペシャルタレント〟と呼び、その特徴的な気質に尊敬を込めて、〝ST（スペシャルタレント）気質〟と呼ぶことにしたのです。それは、子どもたちを否定面から見るのではなく、一八〇度視点を変えて肯定面をサポートしようという、強い決意を込めた呼称でもあるのです。北風ではなく、太陽こそが子どもたちの才能を花開かせると確信しています。

Q　ST気質の子どもたちは増えているのでしょうか

以前から、ST（スペシャルタレント）気質の子どもたちはたくさんいましたが、今のように学校生活で苦戦し、不登校に追い込まれることはありませんでした。ＳＴ気質の苦手な領域《りょういき》である人間関係能力は、幼いころの豊かな遊び体験や大家族の暮らしのなかで、否《いや》が応《おう》でもトレーニングされ、折り合いをつける力や自分の居場所を見つける力を身につけることができたのです。

また、昔は子どもたちの集団に、異質なものを受け入れ、居場所を保障する能力がありました。ＳＴ気質の子どもたちの側にも、粘《ねば》り強く自分の居場所を獲得《かくとく》する能力があったのです。ＳＴ気質ゆえに、やや変わり者と見られた子どもたちも、集団から排除《はいじょ》されることもなく、ある意味では、変わった能力を仲間たちからリスペクトされながら、思春期を乗り越えることができたのだと思います。

しかし今、子どもたちは、遊び仲間・遊び時間・遊び空間という、豊かな子どもも時代を喪失《そうしつ》し、遊びのなかで交わる力（ソーシャルスキル）を獲得することができないために、ＳＴ気質を包み込んでいたオブラートが溶けて、その気質がより強く現れ始めたといえるでしょう。そのために、ＳＴ気質の子どもが増えているようにカウントされるのです。

また、学校も、みんなと同じことを同じようにできる子どもを育成しようとする管理教育が強まるなかで、先生方も疲れ果て、個性豊かなＳＴ気質の子どもたちに対する共感力や、リスペクトする力が弱まっていると見ることもできます。

これからは、学校だけでなく、社会の隅々《すみずみ》にまでST気質の人であふれ返っていきます。ST気質の人々が自己認知を深めると共に、周囲もそれを理解し応援するという関係を育てていかないと、双方がすれ違い、トラブルが多発することにもなりかねません。企業をはじめとするわが国のあらゆる組織・機関《きかん》でのST気質への理解が求められる時代です。

第四章

ST気質の子どもたちが考えていること（Q&A）

不登校のとき
引きこもっているとき
子どもたちが考えていること

学校の先生が来てくれたわよ!!
開けなさい!!
学校には絶対に行きたくないんだ…
先生は部屋に入れないで

ST（スペシャルタレント）気質の子どもたちはストレス耐性に弱いため、不登校や引きこもりになりやすい傾向があります。この章では、ST 気質の子どもたちが日々感じていること、またなぜ不登校になってしまうのか、そのとき何を思っているのかについて答えました。子どもたちの気持ちを本当に理解してくれる人が側にいれば、ST 気質の子どもたちもゆっくり自分のペースで前進していくことができます。

昨日の夜は学校に行くって言ったのにウソついたの？
夜は行こうと思っていたけど朝になるとどうしてもお腹が痛いんだ

学校へ行って!!
お母さんは学校に行ける僕しか愛してくれないんだ
みんなを困らせている
私はいない方がいいんだ
お母さんも私を障がい者だと思っているんだ
障がいの本
障がいについて
今はそっと元気になるまで待っていて欲しい…

Q　ST気質のなかでも、不登校・引きこもりになりやすい子どもの特徴は

ST（スペシャルタレント）気質の子どもは、大きく分けると、〝ジャイアン型〟、〝のび太型〟、〝スネ夫型〟の三種類のタイプがあります。

ジャイアン型は、多動的な傾向があり、受けた刺激にストレートに反応し、行動化します。

攻撃的で荒々しい言葉を発したり、ときには相手を自分の思うように支配したりします。思い込みが激しく、相手が自分を全面的に受け入れてくれないと、トラブルに発展します。オールオアナッシングなので、少しでも自分の思い通りにならなければ、敵とみなしてしまうのです。

相手との距離感や空気を読むことができないので、人へのアプローチがしつこくなり過ぎて、嫌がられることも多く、小学校高学年になると、仲間から反撃されて、孤立化することも少なくありません。

のび太型は、ジャイアン型とは対照的なタイプです。のび太型は、最初から人

と積極的に交わろうとはしません。幼稚園のころからずっと、人の輪に入ることが苦手なのです。人と一緒に何かをするよりも、自分の世界で誰にも干渉《かんしょう》・支配されず、自分の興味・関心のあることに没頭《ぼっとう》したいのです。それゆえに、自分の世界であるパーソナルスペースに強引に入ってくる人間が許せないのです。それが親や先生であっても、仲間であっても、それは同じです。特に、上から目線で声高に指示・命令する人、みんなと同じことを同じようにするように強制する人、人と比べる人とは関わりたくないのです。

気の合う人との一対一の二者関係なら、何とかこなすことができますが、複数の相手を含む三者関係となると、ぐっと拒否反応が強まります。誰にどのように眼を向け、誰の話にあいづちを打てばいいのかわからなくなります。曖昧《あいまい》な世界を、必死になってシンプルでクリアにしようとして、疲れ果ててしまうのです。

特に思春期の世界になると、同級生の間に序列が生まれ、人間関係が複雑化し始めます。

そうなると、その複雑さに対応できません。そのために、同級生にも丁寧《ていねい》語で話したり、逆に正直に発言し過ぎたりして、仲間に否定され、数少ない仲間までも失うことになるのです。

スネ夫型のタイプは、自分を丸ごと受け入れてくれたり、居心地の良いポジションが獲得《かくとく》できる関係であれば、積極的に関わりを持とうとしますが、少しでも、自分中心主義が貫《つらぬ》けなかったり、面倒くさいと感じたりすると、すうっと、パーソナルスペース（安心できる個人空間）に逃げ込みます。それゆえに、本当の仲間ができません。

この三つのタイプでは、のび太型が最も早い段階（小学校の高学年）から不登校になりやすいといえます。余程、内なる才能が周囲に認められ、本人もそのことに自己肯定できれば別ですが、多くの場合、学校は苦しく疲れるだけで、楽しい場所ではありません。

不登校になった子どもたちに聴いてみると、不登校になる前の、数年間の学校生活を思い出すことができないと言います。そのくらい、のび太型の子どもたちにとって、学校生活は辛く苦しいものなのです。のび太型の子どものなかでも特に、いじめにあったり、長い間孤立した生活を強いられたりした子どもたちの場合、不登校は長引き、引きこもりにもつながりやすいのではないでしょうか。

　ジャイアン型も、パワーで押し切れる間は、登校しぶりを起こすことはありませんが、中学・高校で力関係が逆転し、集団から排除《はいじょ》されることが増えてくると、オールオアナッシングの気質ゆえに、一気に不登校、中退に追い込まれることも少なくありません。

Ｑ　ＳＴ気質の子どもたちはなぜ学校が嫌いなのでしょう

　ＳＴ（スペシャルタレント）気質の子どもたちは、人と違う自分を大切にしたいのです。人と同じでは嫌なのです。

　学校は、人と同じことを求め、人と違うことをするのを認めたがりません。ここにＳＴ気質の子どもが苦しむ最大の原因があります。集団を優先する学校と、何より個の存在を主張するＳＴ気質の子どもたち。今の学校制度では、ＳＴ気質の子どもたちは、自己チュー、わがまま、困った存在として、否定的メッセージを浴び続けるのです。学校が変わらない限り、ＳＴ気質の子どもたちは苦しみ続けなければなりません。

ＳＴ気質の子どもたちは、自分のペース（マイペース）を大切にし、自分のやり方（マイシステム）を追求し、独自の評価・ものさし（マイルール）を持っているがゆえに、集団を優先する学校の押し付けられたペース・システム・ルールに合わせることに苦痛を感じるのです。

マイペース、マイシステム、マイルールの子どもたちは、ほめられることより、要求されること、叱られることが多くなります。否定されればされるほど、自信を失い、そしてまた、否定的な行動を取ってしまう。まさに〝負のスパイラル〟です。

先生の否定的なメッセージは、周囲の子どもたちにも影響を与えます。それがいじめにつながることも多いのです。

また、聴《ちょう》覚や視覚の過敏《かびん》なＳＴ気質の子どもたちにとって、笛や太鼓の音のうるさい運動会や、たくさんの人が出入りする学芸会、文化祭などの行事には拒否反応が強まります。そのうえで、みんなと同じ動きを強制される集団演技など、個性を否定され、集団に同一化させられるような場面では、特にストレスを感じやすいのです。

学校には、子どもたちが疲れて一人になりたいと思ったとき、一人になれるパーソナルスペースがありません。それも、ＳＴ気質の子どもたちにとっては、不安の種でもあるのです。

ＳＴ気質の子どもたちにとって、学校は絶対に行かねばならないところ。どんなに嫌であっても、登校し続けなければならないと思い込んでいます。だから、心身がストレスまみれでも、ギリギリまで頑張り続けるのです。しかし、みんなと同じことを同じようにすることを要求される学校は、決して楽しくはありません。

一生懸命努力しても、ほめられることより、要求されたり叱られたりすることばかり。そのうえで、いじめられることも少なくありません。学校嫌いの感情が限界に達したのが不登校なのです。

Ｑ　ＳＴ気質の子どもたちはなぜ思春期に不登校になりやすいのですか

小学校の高学年になると思春期を迎えますが、思春期の人間関係で必要とされ

学年別不登校児童生徒数グラフ

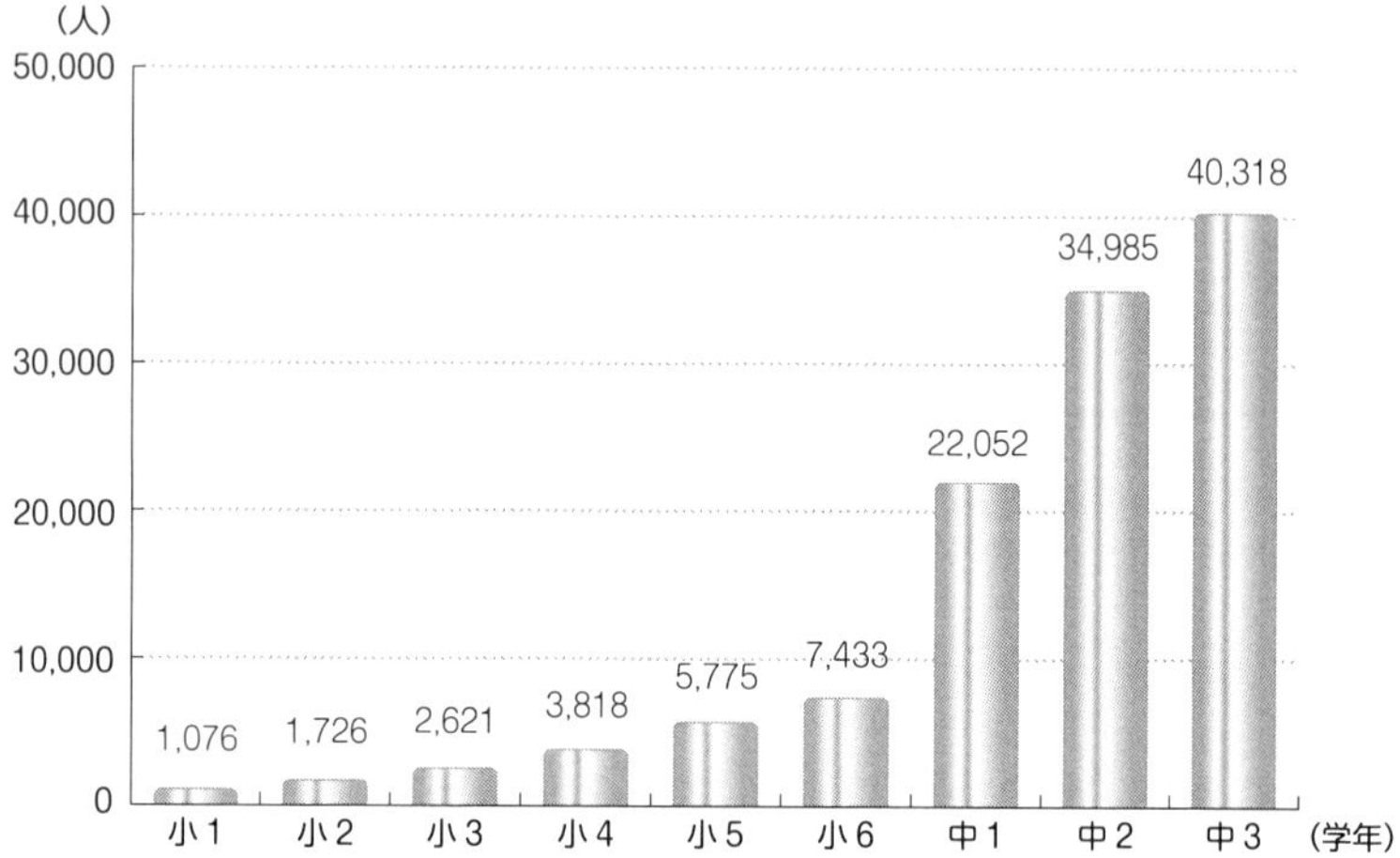

出所：平成22年度「児童生徒の問題行動等生徒指導上の諸問題に関する調査」(文科省)

る資質は、それまで必要とされてきたものとは大きく変わってきます。思春期以前までの、まじめであること、原則的であること、正直であることなどの、大人に肯定されてきた資質は、思春期においては足かせとなるのです。思春期における同世代との人間関係では、何よりも柔軟《じゅうなん》さが求められ、ときには、大人の指示・要求をディスカウントしたり、聞き流したりするいいかげんさや適当さも必要とされます。また、仲間のために、大人に対してシラを切ったり、空気を読んで、本音と建前を使い分けたりと、大人びた対応への切り替えが求められるのです。

しかし、ＳＴ（スペシャルタレント）気質の子どもたちは、この切り替えが上手くできません。ピュアな心のままで、思春期に突入し、集団の変化から取り残されてしまうのです。思春期は、子どもから大人へと成長していく中間地点であり、グレーゾーンの期間でもあります。ときには、大人びた言動をとったり、逆に子どもっぽい言動をとってみたりと激しく揺れ動き、曖昧《あいまい》な世界であり、白黒をつけることが難しい時代ともいえるでしょう。

曖昧なグレーゾーンに身を置くことが苦手なＳＴ気質の子どもたちにとって、ただでさえ乗り越えることの難しい思春期の峠《とうげ》は、心身ともに過酷なものにならざるを得ません。日々ストレスを蓄積《ちくせき》させていくのです。

原理原則でものを考え、白黒を付けないではいられない、柔軟性に乏《とぼ》しいＳＴ気質の子どもたちは、空気の読めない異質な存在として、集団から遠ざけられることになり、いじめにつながることも多いのです。

Q ST気質の子どもたちはどうしていじめられるのでしょうか

全国でいじめが続発《ぞくはつ》しています。いじめを受けている子どもの辛さを思うと、居ても立ってもいられない気持ちにさせられます。なぜ、人をいじめるのでしょうか。それは、自分がいじめられているからです。人をいじめずにはいられない精神状態に追いつめられているのです。いじめは連鎖《れんさ》します。

かつて、小学四年生のいじめの相談を受けました。A君がB君をいじめたために、B君が不登校になったというのです。A君の精神状態はかなり不安定でした。話を聞いてみると、毎日、中学一年生のお兄ちゃんに暴力を受けていたのです。お兄ちゃんに面談すると、私立受験を失敗したことで、お母さんになじられ、小遣《こづか》いをストップされていました。ある意味ではお母さんにいじめを受けていたわけです。そして、そのお母さんは、お父さんにDV（家庭内暴力）を受けていました。お父さんの暴力がひどくなったのは、会社でリストラをされたからでした。

今挙げたのは一つの典型的な例ですが、このように見ていくと、いじめは偶然に起きるものではなく、必ず原因があるのです。子どもたちがいじめに走るのは、その子どもたち自身が、さまざまな形でいじめにあっているからにほかなりません。その悔しさ、哀しさ、虚《むな》しさなど、さまざまなストレスが、自分より弱いものに向けて発散させられているのではないでしょうか。

いじめは、自分より弱い存在を見つけ、うさ晴らしの対象にすることです。ですから、いじめを実行するに当たり、肝心なことは、反撃を受けないということです。相手は誰でもいいのです。とにかく自分より弱いこと、反撃してこないこと。こういう存在を仲間から探すことになります。自分を安全圏《あんぜんけん》に置いて、相手にのみ、一方的にダメージをあたえ続けるのがいじめです。

その対象者は、自ずから絞られてきます。運動があまり得意でなく、仲間も少ないマイペース型の子どもたちです。それは、のび太型のＳＴ（スペシャルタレント）気質の子どもたちに、ダブって見えませんか。

のび太型のＳＴ気質の子どもは、納得がいかないことには行動を起こさないので、集団のノリに合わせることが苦手です。自分なりのペースでついていこうとするものの、少しずつ遅れてしまいます。また、集団を支配する空気を読もうとし過ぎて逆にすべってしまって、集団の仲間たちから、異質な存在とみなされてしまうこともあります。ちょっとしたこだわりや、ストレートな物言いがやり玉に上がり、いじめの対象者として、暗黙《あんもく》の了解が生まれることになるのです。

のびのび太型のST気質の子どもたちは、オールオアナッシングの気質ゆえに、いじめられてもギリギリまで我慢します。そして、誰にも言わずに生命を断つこともあるのです。

全国の先生方には、ST気質の子どもはいじめにあいやすいという危機感を、もっと持って欲しいと思っています。先生方がST気質の子どもたちの、人間としての優しさや、五感力を基《もとい》にした芸術表現能力などの肯定面を、積極的に見いだすことをせずに、人間関係能力の弱さなど、否定面のみに眼を向け、〝困った子〟メッセージを発することが、いじめの多発につながっていることを肝《きも》に銘《めい》じて欲しいと思います。ST気質の子どもたちの内なる能力を、少しでも早く見つけ出し、仲間たちの尊敬へとつなげて欲しいと願っています。

Ｑ　ＳＴ気質が理解されずに苦しみが続くとどんな病理が生じるでしょうか

ＳＴ（スペシャルタレント）気質の子どもたちは、ストレス耐性に弱さを抱えています。学校生活において、五感力の豊かさや生真面目《きまじめ》さ、興味・関心のあることへの無類の集中力などの、ＳＴ気質の肯定面が評価されずに、人間関係能力の弱さなど否定面のみがクローズアップされると、自分の居場所を喪失《そうしつ》し、ストレスは一気に高まります。特に、のび太型の子どもたちは、ストレスを内側に溜め込みやすく、そのストレスが一定量を超えると、心身症状が出てきます。

最初は、朝、登校しようとするとお腹が痛くなり、下痢を伴《ともな》うこともあります。次には、頭が痛くなり、さらには、目まいや耳鳴りが起きてきます。こうなると、学校には行けなくなります。しかし、午後になると治まり、夜になると元気になるので、怠《なま》けを疑われることが多く、子どもたちのストレスは弱まることがありません。

ＳＴ気質の子どもたちは、ストレスが溜まると、人より敏感であった五感力がさらに過敏さを増し、その過敏すぎる五感力に苦しめられることになります。

視覚が過敏になると、周囲の人の視線が気になり始め、睨《にら》まれているような感覚が生《しょう》じてきます。聴《ちょう》覚が過敏になると、広い範囲の物音が聴こえるようになり、人が自分の悪口を言っているような被害妄想的な感覚に陥《おちい》ることがあります。このような状態が一か月以上続くと、精神科医は、統合失調症《とうごうしっちょうしょう》と診断します。ST気質の子どもたちが、思春期で診断される病理で最も多いのが、統合失調症です。

ST気質の子どもたちは、曖昧《あいまい》な世界に身を置き続けると、強い不安が生《しょう》じます。常に自分の周囲を白か黒かクリアにしておきたいST気質の子どもたちにとって、思春期は、最も複雑で、対応に疲れるグレーな時代といえます。ゆえに、自分の安心できる居場所がないことが不安に拍車《はくしゃ》をかけ、さらには、親の期待に応えられなかったという罪の意識とあいまって、生きるエネルギーが枯渇《こかつ》し、うつ病を発症することも増え続けています。

また、かつてはノイローゼ群と呼ばれた不安神経症《ふあんしんけいしょう》によるパニック障がい、手を洗い続けたり、戸締まりが異常に気になったりする強迫神経症《きょうはくしんけいしょう》、過呼吸《かこきゅう》や突発性《とっぱつせい》の難聴《なんちょう》や失語症《しつごしょう》を伴《ともな》うヒステリー、不眠や低血圧などの自律神経の不調や四肢《しし》が動かなくなる起立性調節障《きりつせいちょうせつしょう》がいなども、ＳＴ気質の子どもたちに多く見られます。

　さらに、今増えているのがパーソナリティ障がい（人格障がい）という領域《りょういき》です。かつては、精神障がいとノイローゼ（神経症）の中間領域とされ、境界《きょうかい》例（グレーゾーン）として扱われていましたが、近年、独自の領域として、さまざまなタイプのパーソナリティ障がいが出現するようになっています。

　代表的なものが、境界性パーソナリティ障がいです。相手との適度な距離をとれず、全面的な受容《じゅよう》を求めたかと思うと、ほんの少しでも、相手の対応に納得がいかないと、見捨てられ感が生じ、今度は激しい攻撃に転じてしまうのです。依存から攻撃、攻撃から依存へと激しい揺れを示し、自分をコントロールできないのが特徴です。その激しさに周囲は振り回されることになります。同じ領域に演技性パーソナリティ障がい、自己愛性パーソナリティ障がいなどがあります。

　そのほかにも、ＳＴ気質の子どもたちが思春期に陥りやすいのが摂食障《せっしょくしょう》がいです。根底《こんてい》には、痩《や》せ願望が存在し、ちょっとしたきっかけで発病します。ＳＴ気質の特徴であるオールオアナッシングや、完璧主義者の女の子がなりやすいといわれています。

このように、ST気質の子どもたちは、ストレスが限界に達すると、さまざまな病理を発病させてしまいます。一人で、一つだけでなく、病理をいくつも同時に発症することも稀《まれ》ではありません。そうなると、なかなかそこから脱け出すことは困難です。

大事なことは、思春期に入るまでには、ST気質を周囲が理解し、本人の内なるスペシャルタレントを発揮《はっき》できる場を創り出すことです。そうすれば、達成感や承認欲求が満たされ、自分を肯定することで、ストレスを乗り越える力が生まれます。そのうえで、自分の感情を言語化する力を育てなければなりません。怒りや哀しみという否定的な感情を、外に向かって吐き出すことができれば、身体化せずに済むのです。また、ストレスが溜まって辛いときには、いつでも休めるパーソナルスペースがあるという安心感があれば、ST気質の子どもたちの苦しみも随分《ずいぶん》と軽減され、病理に陥ることも少なくなることでしょう。

ST気質の子どもたちが、ストレスによって生じるさまざまな病理に陥るか否

【スペシャルタレント周辺の病理】

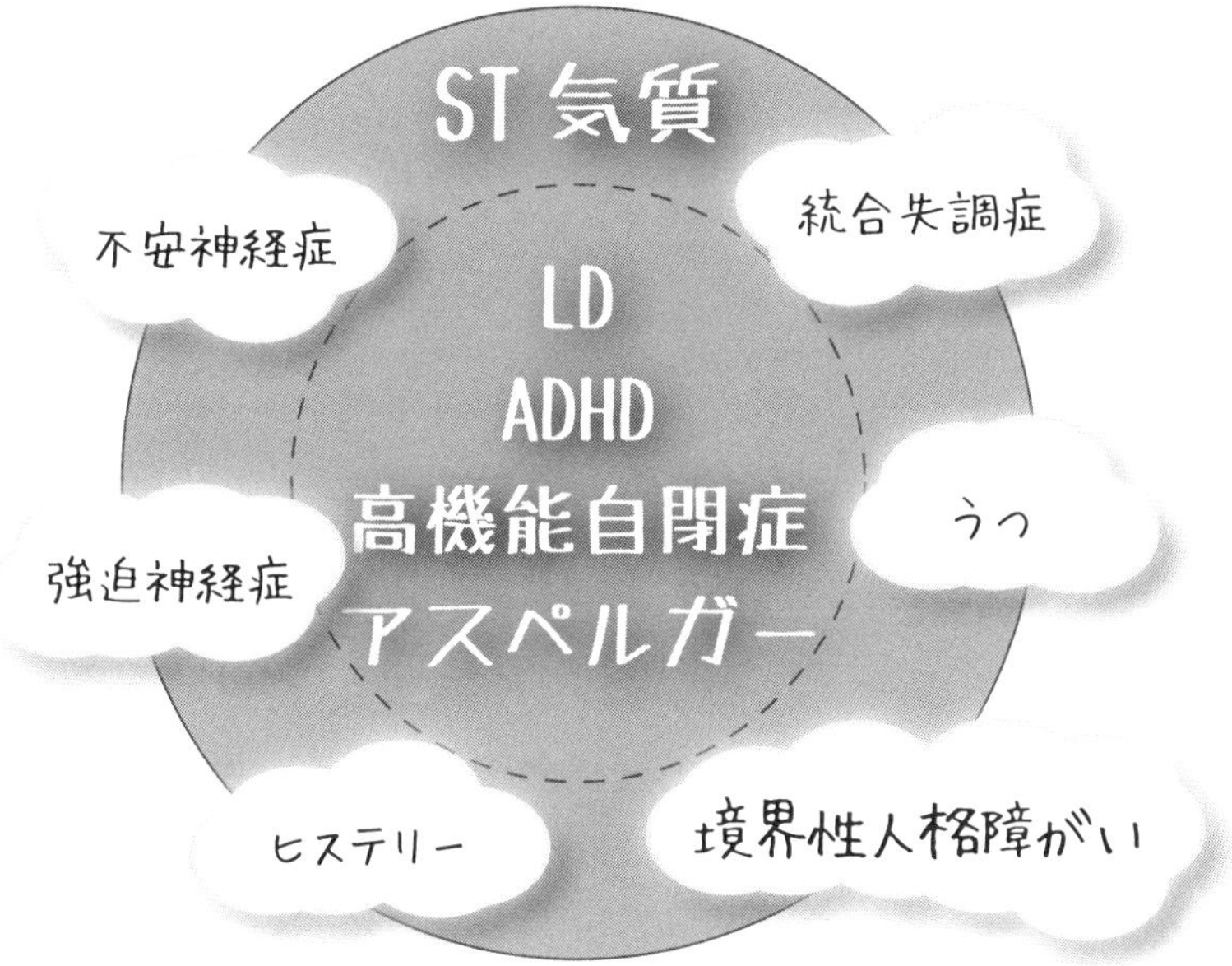

かすべては、周囲の理解と肯定的なサポートにかかっているといえるでしょう。

Q　どうして、朝起きられないのでしょうか

朝、起きられない子どもたちには、大きく分けて二通りあります。起きることができない子どもと、起きたくない子どもたちです。

ST（スペシャルタレント）気質の子どもたちは、ストレス耐性が弱いため、思春期に差し掛かると、学校での集団生活で心身ともに疲労を蓄積《ちくせき》します。特にのび太型の子どもは、まじめで完璧主義者が多いため、常に緊張した状態を強いられます。その緊張が続くと、自律神経の切り替えが上手くいかなくなるのです。自律神経は、緊張を促す交感神経と、心身をリラックスさせる副交感神経から成り立っていて、夜になると心身をリラックスさせ、ぐっすり睡眠できるように副交感神経《ふくこうかんしんけい》が優位に働くのです。しかし、強い緊張が長く続くと、この切り替えのスイッチが上手く機能せず、交感神経が優位のまま夜を迎えることになり、寝つきが悪くなったり眠りが浅くなったりします。ひどくなると、ほとんど眠れ

ないという状態に追い込まれてしまいます。これでは、朝、気持ち良く起きることはできませんし、逆に、明け方になって眠りにつくこともあるのです。

さらに、過度なストレスによって、自律神経の機能が低下すると、脈拍や血圧が低下したり、四肢《しし》が硬直するなどの起立性調節障《きりつせいちょうせつしょう》がいも出現します。

一方、起きたくない子どもたちがいます。この子どもたちは、夜のうちは学校に行かなければと思い、制服や用具の準備はするものの、いざ朝を迎えてみると、頭が痛くなったり、下痢を起こしたりという体験を通して、不登校を選択した子どもたちです。学校のことを考えるだけで、具合が悪くなるのです。しかし、学校は行かねばならないところで、自分はその義務を果《は》たしていないとの罪悪感にいつも支配されています。それゆえに、本来は学校にいるはずの、午前から午後の時間帯は寝てやり過ごしたいのです。不登校が始まって数日もしないうちに、昼夜逆転になるのはこのためです。朝起きなければ、家族から登校を迫られることもないし、母親の哀しそうな顔を見ないで済むのです。学校が終わる下校時刻になると元気が出てくるので、〝怠《なま》け〟と疑われることも少なくありません。

この時期に家族が子どもの不登校を受け入れて、自宅での心身のエネルギーの再生をサポートできたら、子どもたちは、家族との交流を避けて昼夜逆転生活を続ける必要はありませんが、いつまでも、母親のため息をはじめとする否定的なメッセージが続くようなら、自分の部屋での長期にわたる引きこもり生活を開始せざるを得なくなるのです。

Q ネットやゲームをやめられないのはなぜですか

ST（スペシャルタレント）気質の子どもたちは、もともと、人と交わる楽しさよりも、自分のペースで、自分の興味・関心のあることを優先したいという志向の持ち主です。

人間は自分の内なる五感力が同時並行的に刺激を受けるとき、快楽を感じるといわれます。だから、子どもたちが一番楽しいと感じるのは、遊びのときです。かつての遊びには、お手玉やおはじき、綾《あや》取りをはじめとして、視覚、聴《ちょう》覚、触覚が同時に刺激されるもの、野遊びのように、嗅《きゅう》覚も味覚も含めて、五感のすべてが刺激されるものなど、快楽体験ができる遊びの場がたくさんありました。

しかし、子どもたちの世界から、遊び時間、遊び仲間、遊び空間が消えた今、ネットやゲームこそが、それに代わる唯一の遊びといえるでしょう。ゲームはかつての遊びと同じように、視覚、聴覚、触覚への刺激を同時に受けるのです。さらにゲームをクリアすることで達成感を得られたり、ネット上の自分の書きこみに賛同者《さんどう》がいることで、承認欲求を満たすこともできます。そこには、学校での集団生活では得られない快楽が満ちあふれているのです。子どもたちから、異年齢での集団遊びの体験が奪われた今、残念ですが簡単に子どもが達成感や承認欲求を満たすことのできる世界は、ネットやゲームの世界しかないのかもしれません。ただ、感情的に、子どもたちのネット・ゲーム依存を批判しても、依存を断ち切ることはできないでしょう。

ＳＴ気質の子どもにとって、パーソナルスペースで、誰にも支配・干渉《かんしょう》されず、思うがままに快楽を得られるネットやゲームの世界はぴったりとはまります。自分が欲しいと思う情報のみを手に入れることができ、その情報の質にこだわればこだわるほど、納得のいくものが手に入るのです。人に頭を下げて、情報を分けてもらう必要もありません。そのうえで、ありがたいことに、待たされることもありません。すぐに結果が出るのです。

ST気質の子どもたちにとって、ある意味で安心できる居場所です。パーソナルスペースにいて、外部ともつながることができるというこの利便性を、無理矢理奪うことは得策ではありません。

ネットやゲームに代わる幸せを感じられる世界が見つかれば、ネットやゲームにほどよい距離を置くことができるようになるでしょう。何より必要なことは、子どもたちの自分探しをサポートすることです。人と違う自分、人にはない自分の能力を見つけたとき、子どもたちはネット・ゲーム依存から脱け出すことができるはずです。

Q　リストカットなどの自傷行為をするのはなぜですか

リストカットには、二つの役割が秘められています。

一つは、精神不安から一時的に逃れるための精神安定剤としての役割です。体験者によると、人間関係が上手くいかず、ストレスで精神不安が強まったところに、過去の否定的な体験がフラッシュバックし、頭が真っ白になるのだそうです。出口のない闇のなかで、自分を取り戻すために、近くに置いてあるハサミやカッターナイフ、コンパスの針などで、手首に傷をつけるのです。

そして、その痛みと赤い血が、闇のなかから救い出してくれるのだそうです。しかし、何度も繰り返すと依存を引き起こし、手首を切ることが目的化して、手首だけでなく、腕や胸まで広がることも少なくないようです。

もう一つは、自分の哀しみや辛さを、周囲の人にわかってもらうためのメッセージとしての役割です。自分自身の内面感情を言語化する力がないと、ボディメッセージに頼ることになります。自分が辛く苦しみのなかにいることを、自らの身体を傷つけることによって伝えようとするのです。

決して、死ぬことを目的としたものではありませんが、オーバードラッグと重なると、たまに深く切り過ぎて、生命を失うこともないわけではありません。一般的には、女性に多く見られる現象ですが、近ごろでは、男性にも散見《さんけん》されるようになってきました。

ＳＴ（スペシャルタレント）気質の子どもたちは、完璧主義であったり、オールオアナッシングの志向が強く、自分を全面的に受容《じゅよう》してもらえないと、一気に自己否定感を強める傾向があります。また、記憶力が良いために、過去の否定的な体験が、たった今起きたばかりのような、鮮明《せんめい》さを持ってよみがえってくることもあるのです。ＳＴ気質の子どもたちが、リストカットをはじめとする自傷行為に追い込まれないようにするためには、その気質を理解し、その哀しみや苦しさを、心からの共感を持って受け止めてあげること、そして、「生まれてくれてありがとう」と、その存在証明を付与《ふよ》することが欠かせません。

リストカットを繰り返す自分を、母親がただ涙を流しながら抱きしめてくれたことで、自分の存在に自信が持てて、リストカットをやめることができたと、語ってくれる女性に何人も会いました。

第五章

ST気質の子どもとの向き合い方（Q&A）

お母さんが子どもに贈ってあげて欲しい言葉

よく頑張ったね

たくさんのお母さんたちが「傷ついた子どもとどうやって接すればいいのかわからない」そう不安に感じていると思います。一番大切なことはお母さんが子どもに温かい言葉をかけてあげることです。この章では、子どもたちの心のメッセージを受け止めて、お母さんに実践してもらいたいこと、またいじめられたときは具体的にどうすればいいのかなどを答えました。

辛かったね
もうこれ以上頑張らなくていいからね

お母さんが
もっと早く気づけば
良かったね

もう安心して
お休みしていいからね

生まれてくれて
ありがとう
お母さんより

または…
お手紙で
伝えてあげて
ください

Q　いじめられている子どもが親に発するサインはありますか

ありますす。特にST（スペシャルタレント）気質の子どもがいじめられる場合、優しくて、ピュアであるために、親に心配をかけたくないという思いが強く、いじめられている事実を隠そうとします。しかし、いじめによるストレスは隠しようがなく、心身に変調が生《しょう》じてくるのです。ストレスが蓄積《ちくせき》すると、まず睡眠に影響が出ます。寝つきが悪くなり、眠りも浅くなります。眠りたくても眠れなくなるのです。そのために、何度もトイレに起きたり、水を飲みに行ったりと落ち着きがない夜になり、すっきりと目覚めることはできません。当然、不機嫌になり、朝の行動がのろくなります。また、食欲が減退《げんたい》します。食べようとしても、胃が受けつけようとしないため、少食にならざるを得ないのです。

さらには、ちょっとしたことで、いら立ったり、怒りっぽくなったり、涙ぐんだりと、情緒が安定しなくなります。どんなに隠そうとしても、ストレスに対して、身体は正直に反応するのです。ですから、朝・夕、家族が一緒に食事をする家庭であれば、子どもの発するサインに容易に気づくことができると思います。また、普段からコミュニケーションの取れている家庭であれば、子どもが目線を合わせようとしない、会話を避けようとするなどの逃避《とうひ》的な姿勢から、何か変だと気付くことができるはずです。何か変だなと感じたら、〝いじめ〟ではないかと、ストレートに結びつけるぐらいでいいのではないでしょうか。

思春期の子どもたちは、いじめにあっていることを、自分から話そうとはしません。それは、親に心配をかけたくないという、親に対する優しさと、親には知られたくないという、思春期のプライドがあるからです。そして、親に相談しても、根本的な解決にはつながらず、余計に状況を悪化させる可能性が大きいことへの不安も感じています。そんな事例をたくさん見聞きしているからです。できることなら、何とか自分で乗り越えたいと思う健気な自我も否定できません。そんな感情が入り混じって、親に対して相談することを躊躇《ちゅうちょ》するのです。

思春期の女の子にとって、母親は女性としてのライバルであり、簡単に頼りたくない存在でもあります。また、男の子にとっては、母親は恋人であり、その人に弱さを見せたくないという心理も働くのです。

さらに、たとえ親にであれ、チクッたと仲間に思われたくないというプライドも、親に相談することをためらわせる一因《いちいん》だと思います。

ゆえに、子どもたちは、自分からは言えないが、何とか気づいて欲しいという非言語的メッセージを出し続けるしかないのです。

どうか、子どもたちのメッセージを、しっかり受け止めてあげてください。

ST気質の子どもたちは、いつ、いじめの対象になってもおかしくはないのです。わが子がいじめにあったら、命がけで守るという意思表示を内外に常にしておくと同時に、万が一、そうなったときに、どう対応をするか作戦を立てておくことが大切です。これは、ST気質の子どもに限らず、子どもを持つすべての親の皆さんにも必要なことだと思います。

Q　いじめられていたら、どう対応したらいいでしょう

わが子がいじめにあっていることを知ったときに、まず、最初にすべきことは、「あなたに非はない！」と、傷ついたわが子を抱きしめてあげることです。

そして、家族全員で、「命がけで、あなたを守る！」と宣言してください。

そして、次のプロセスで、わが子をいじめから守る行動を起こしてくださることをお願いします。

1．感情的にならず、子どもから事実の確認をすること。子どもが信用している友だちからの聴き取りができると、より事実が補強できるでしょう。

ＳＴ気質の子どもは、声高に責められたり、急かされたりすると、思うように話ができなくなります。落ち着いて話を聞いてあげてください。最初から今に至《いた》る経緯《けいい》を、順番をたどって話すことは苦手です。思っていること、知っていることを、とにかく吐き出させて、その内容を図式化し、今度は時系列に並べ直すと、事実に近づくことができます。バラバラになった紙芝居を改めて、順番通り並べ直すのをイメージしてもらえればいいと思います。

2．いじめにもいろいろなタイプがあります。一過性《いっかせい》のものか、長期的なものか、計画的なものか、偶発的なものか、個人的なものか、小集団によるものか、クラス全体によるものか、暴力を伴《ともな》うものか、金銭《きんせん》が絡《から》んでいるのか、悪口やからかい型、仲間はずしや無視型、物隠しや物壊し型など。その内容によっては、解決に導くアプローチが違ってきます。事実を確認したうえで、子どもがさらなる被害にあわないように、しっかり作戦を立てることが重要になります。ただ、感情的に学校に怒鳴り込んだだけでは、表面的、一時的に、いじめは収まっても、もっと陰湿《いんしつ》ないじめに発展することが少なくありません。

3. 子どもが、心身ともに疲弊《ひへい》し、学校に登校することに不安を感じているのであれば、問題が解決するまで休ませましょう。

この時期に起こる、二重のいじめといわれるものが、親の心ない言葉です。

「あんたが弱虫だから、いじめにあうのよ」

「もっと明るくしゃきんとすれば、いじめにもあわないのに」

「嫌なら嫌と言わなきゃダメじゃない。そんな弱虫に育てた覚えはないわ」

いじめにあった辛さより、親に浴びせられた言葉に何倍も傷ついたという子どもたちも少なくありません。

4. 把握《はあく》した事実を元に、学校に対応を申し入れましょう。

ありのままの事実と、求める対応策を文書にしておくと、伝えたいことが漏れずに済みます。学校側には、校長先生、教頭先生、生活指導担当の先生など、必ず複数の先生に聞いてもらうことが大切です。そして、その場で対策チームを作ってもらってください。いじめ問題は、先生個人の力では解決できません。複数の先生にチームを組んで対応してもらうことが欠かせないのです。

5. ＰＴＡのいじめ担当役員、地域の担当の児童民生委員さんにも声をかけてください。親同士のつながりで、解決できることもあります。

6. 学校の動きが遅く、納得のいかない対応が続くようなら、教育委員会の担当部署に、相談を持ちかけてください。

7. けがを伴《ともな》っていたり、心的外傷後《しんてきがいしょうご》ストレス障《しょう》がいなど、心に深い傷を負っていたりする場合には、恐れずに弁護士に相談してください。常日ごろから、いつでも何でも相談できる家族支援カウンセラーが、身近にいてくれると助かりますね。

トラブルに巻き込まれたときの対応には、大きく分けて三つあります。

①立ち向かって、乗り越えていく
②我慢してやり過ごす
③身を避ける

いじめの度合いによっては、③を選択したほうがいい場合もありますが、子どもにとっては、家族の絆を感じ、自分の存在証明を手に入れるためにも①を選択し、家族全体でいじめに立ち向かう姿を見せてあげることは、とても重要なことだと思います。危機に直面したときこそ、その家族の真価が問われるのではないでしょうか。

Q 子どもが口をきいてくれません どうしたら会話ができますか

子どもは、思春期を迎えると、ぐっと口数が少なくなります。そのなかでも、幼いころから親からの指示・命令という、一方通行的コミュニケーションに支配されてきた子どもたちは、特にこの傾向が強く、親との双方向のコミュニケーションを成立させようという意欲を失っています。過去の否定的体験の積み重ねによって、親が発する言葉は、自分にとって好ましいものではないというセンサーが反射的に作動し、親が話しかけたとたんに耳を閉じてしまうのです。また、相談したいことがあっても、結局、いつものようなお説教になってしまうのであれば、自分が不愉快な思いをするだけ。だったら、親のそばに近づかないほうが無難だという考えになったとしても無理からぬことでしょう。

子どもが口をきかないのには理由があります。それは、過去のコミュニケーションの歪《ゆが》みがもたらしたものだといえます。幼いころから、話を聴いてもらうことの楽しさを感じ、困難な問題も、家族と話し合うことによって解決につながったという肯定的体験がたくさんあれば、思春期になっても、子どもは心を閉じることをせず、家族とのコミュニケーションを大切にするでしょう。

まだ遅くはありません。今までのわからせようとするコミュニケーションから、わかろうとするコミュニケーションにチェンジしてください。過去のコミュニケーションのあり方についてはきちんと謝罪《しゃざい》し、これからは、応援団として困ったときにはいつでも相談に乗る用意があることを伝えてください。聴くことを大事にして、双方向のコミュニケーションを心がけることを宣言してください。

ＳＴ（スペシャルタレント）気質の子どもたちには、言葉より手紙が効果的です。会話は、相手のペースに合わせなければならず、長くなると疲れてきます。また、自分に興味・関心のないことは聴く努力を放棄しがちです。聴いているようにに見えながら、刺激を受けた別のことを考えていることも少なくありません。あるときは、ほとんど耳に入っていないのです。しかし、手紙やメモ、メールなどは、自分の空間で、マイペースで繰り返し読むことができ、繰り返し読むことで、理解が確実なものになります。言葉によるやりとりが弾まない場合は、活字を活用することを考えてみてください。

Ｑ　不登校の子どもに、してはいけないことは何ですか

ほとんどの不登校は、怠《なま》けから起こるものではありません。まじめに、一生懸命頑張った結果、心と身体が学校生活を受け入れなくなるのです。

特に、ＳＴ（スペシャルタレント）気質の子どもたちは、幼いころから集団生

活にストレスを感じながらも、生来のオールオアナッシングの気質ゆえに、学校は何としても通わねばならないと自分に言い聞かせ、そして、学校に行ったら、仲間に負けてはならない、決してみっともない姿をさらしてはいけないと、必死に苦手な世界と闘い続けることになります。

思春期に差しかかり、蓄積《ちくせき》したストレスにより、身体が悲鳴をあげ始めても、親の期待に応え続けるために、限界ギリギリまで頑張り続ける子どもたちばかりです。これ以上、無理をすれば、生命に関わるというところでやっと、不登校を選択するのです。不登校は、このまじめで健気な子どもたちの生命を守るために、神さまが命じたお休みだと考えてください。

この不登校が、長期化するかしないか、また引きこもりになるかならないかは、初期の家族の対応、特に母親の対応次第で、大きく違ってきます。疲れ切った子どもたちが求めるのは、全面的な休養であり、全面的な受容《じゅよう》です。高熱を発するインフルエンザにかかったときと同じ対応を求めるのです。インフルエンザで苦しむわが子に、無理して学校に行けとは言わないでしょう。

ただ不登校に追い込まれた子どもたちの症状は、インフルエンザほどはっきり見えません。心身のストレスを体温計のように計るわけにはいかないのです。子どもの不登校を受容《じゅよう》しきれない親がいてもおかしくありません。むろん、受け入れられない親のほうが圧倒的に多いだろうと思います。それゆえに不登校に追い込まれた子どもたちは、不登校に追い込まれるまでにさんざん苦しんだうえに、不登校になったあとも、さらに新たな苦しみを強いられることになるのです。

子どもの不登校という事態は、母親にとって、一つの対象喪失《そうしつ》体験です。対象喪失というのは、自分にとってかけがえのないものを喪《うしな》う体験です。対象は、最愛の家族との別離、失恋、失業、ペットの死など、さまざまですが、子どもの不登校も、夢や生きがいの喪失という点ではその範疇《はんちゅう》に入るでしょう。子どもの不登校イコール自分の人生の喪失、というふうに捉《とら》える母親がいてもおかしくありません。

この対象喪失後、最初に襲ってくるのが、何が起きたのかわからないという混乱・パニック状態です。そして次に来るのが否認行動です。事実を受け入れることができず、事実を取り消したい、以前の状態に何としても復元したいという心理が強まり、周囲を振り回すことになります。失恋後に起きるストーカー行為は、この否認行動の一種だろうといわれています。やがて事実を受け入れることができると、深い哀しみが押し寄せてきます。悲哀《ひあい》の時期です。自分が世界で一番不幸な人間であるように思え、誰にも会いたくない、何もしたくないという、うつ状態に陥《おちい》ることも少なくありません。そして、やっと未来に向けて前向きに生きようとする脱皮《だっぴ》の時期へとたどり着くのです。

この対象喪失から回復までの時期は、個人差がありますが、短い人でも二、三週間、長い人は二〜三年かかるといわれています。不登校を選んだ子どもたちにとって、母親が二年も三年も嘆《なげ》きのなかにいては、いつまでたっても心身のエネルギーを再生することはできません。母親たちがすべきことは、一日も早く対象喪失のショックから脱け出すことです。

そのために必要なことは、そのショックを受け止め、哀しみも嘆きも怒りもすべて吐き出させてくれる、カウンセリングの場を見つけることです。哀しみや怒りを心のなかに溜めておいたのでは、いつまで経《た》っても心は軽くならず、笑顔など湧いてくるはずもありません。哀しみや怒りを思う存分吐き出して、初めて子どもの哀しみが見えてきます。一番辛くて苦しいのは誰なのかが理解できるようになるのです。

母親がどれだけ早くこのことに気づくことができるかで、不登校後の子どもたちの回復の時期が大きく違ってきます。

不登校になった子どもたちが、一番辛いと感じ、心身の回復の妨《さまた》げになるのが、母親の涙とため息です。怒られたほうが、反発できるからまだましだと言います。涙とため息には反発できません。自分の不甲斐《ふがい》なさ、期待に応えきれなかった申しわけなさで、身を切られるほど切なく辛くなるのです。母親をそんな不幸に追い込んだ自分が許せなくなり、自分はこの世に生きている価値のない人間だと自分を責め続け、ついには生まれてくるべきではなかったと、死を考えるようになるのです。地獄の日々です。母親が一番してはならないこと、それは、子どもの前で涙を見せ、ため息をつき続けることだといえるでしょう。一番辛いのは、不登校に追い込まれてしまった子どもたちなのです。

最後に、子どもたちがして欲しくなかったという親の行動をまとめてみます。

①　涙を流して哀願《あいがん》する
②　これ見よがしにため息をつく
③　母親が外出をしなくなる
④　電話で、自分が学校に通っていると嘘《うそ》をつく
⑤　不登校を受け入れたと言いながら、人が訪ねて来ると、部屋から出てくるなと指示する
⑥　リビングに精神障がい関連の本が積んである

Ｑ　不登校の子どもに、言ってはいけないことは何ですか

不登校の子どもたちは傷ついています。傷口を癒《いや》す薬が必要なのです。

「辛かったね」

「よく頑張ったね」

「もっと早く気づいてあげれば良かったね」

「もう、これ以上頑張らなくていいからね」

「安心してお休みしていいよ」

こんな言葉で受容《じゅよう》してもらえれば、傷ついた心の回復も早いでしょう。

しかし、実際には、傷口に塩をすり込むような言葉が浴びせられることが多いのです。

責める言葉

1. みんな頑張っているのに、どうしてあなただけがもう少し頑張れないの
2. お母さん、何のために今まで頑張ってきたかわからない。お母さんの身にもなってよ
3. あなたが今のままなら、お母さん、お友だちにも会えないわ
4. ねっ、もう少し頑張れるよね。明日は必ず学校に行ってちょうだい
5. あの自慢の息子は、どこへ行ってしまったの
6. あなたが、こんな弱虫なんて知らなかった
7. 子どもは学校に行くのが仕事。それができないんじゃ、出て行きなさい
8. なんか、私までおかしくなりそう、何とかしてよ

毒のある言葉

1. もう、どうなったって知らないから
2. あなたの人生なんだから、好きにすればいいわ
3. 今からこれじゃ、先が思いやられるわ
4. 期待しただけ、損したわ
5. 私の人生、こんなはずじゃなかったのに……
6. あぁ、こんなことなら、子どもなんか産まなきゃよかった
7. この家も、もうこれでおしまいね

脅す言葉

1. このままあなたが学校に行かないなら、私はあなたと死ぬわ
2. こんなに私を苦しめて、私が本当の病気になってもいいのね
3. そんなに、私がおばあちゃんに責められるのが見たいの
4. このままだとお兄ちゃんの就職にも影響するのよ
5. 単身赴任のお父さんに何て言えばいいの？　お母さん、怒鳴られるわ

これらの言葉は、かつてカウンセリングした子どもたちが、母親から実際に浴びせられた言葉です。ＳＴ（スペシャルタレント）気質の子どもたちは、母親の期待に応えるために、苦手な学校生活に挑んできたのです。これらの否定的な言葉は、子どもたちの母親への不信感を芽生えさせる元になります。

「お母さんのためにと頑張ってきたのに、いくらなんでもこれはないだろう。お母さんは条件付きでしか、自分のことを愛してなかったんだ」という哀しみが深くなります。特にＳＴ気質の子どもたちは、記憶力がいいのが特徴の一つです。そして、否定的な体験ほど深く心に刻み込まれ、その否定的な体験が、たった今、目の前で起きているかのようにフラッシュバックすることが少なくありません。母親の否定的な言葉によって刻み込まれたその哀しみこそが、不登校を長期化させるきっかけになるのです。

第六章

お母さんはどうすればいいか（Q&A）

お母さんはイキイキしていればいい

みんな同じなのね
悩みを分かち合うと楽になるわ

ST（スペシャルタレント）気質の子どものお母さんは、その子育ての困難さゆえに、さまざまな悩みを抱えています。しかし、子どもたちが本当に望むのはお母さんの笑顔です。お母さんが活き活きしていれば、子どもたちが感じている困難は必ず解決できます。

「まずはお母さんが笑顔に変わること！」

この章ではお母さん自身が抱え込んでしまっている悩みや心配ごとについて詳しく回答します。

今日も楽しく働いてくるから
お留守番よろしくね
ふーん
よし、ゆっくりできるぞ

● 仕事や趣味を続ける

● 親の会などに参加して外へ出かける

今日はママお友だちと会って楽しかった！あなたはどうだった？

● 家の外、
学校外へ相談する

お話を
聴いてもらえて
気持ちが
すっとしました

● 子どもに愛する気持ちを伝える“合い言葉”

ありがとう
ママ幸せだよ
あなたのおかげで楽しいよ
あなたがいてくれて嬉しいよ
愛しているよ

「あしたあおうよ」

あ…愛している
し…幸せ
た…楽しい
あ…ありがとう
お…おかげさまで
う…嬉しい
よ…よかった

この言葉を
毎日言ってあげて
ください

Q 中学校で不登校になり、友だちがいません どうしたら友だちができるでしょうか

ＳＴ（スペシャルタレント）気質の子どもたちは、同級生との交流が苦手です。それは、同級生との関係では競争と協力という、二律背反《にりつはいはん》する複雑な関係を毎日要求されるからです。たった今まで、協力し合う関係を要求されながら、今度は競争を強いられるという目まぐるしい関係に、スイッチがスムーズに切り替わらないのです。マイペースを基本とするＳＴ気質の子どもは、本来的に競争を強いられる環境そのものが好きではないのです。そのうえ、オールオアナッシングの気質ゆえに、競争するなら絶対勝たねばならないとプレッシャーを感じます。勝てそうにないと思えば、最初から競争の場から逃避《とうひ》しようとします。どうせ勝てないのならば、取り組むこと自体が無駄なことだと思えてしまうのです。

また、思春期になると、同級生の友だち関係に序列《じょれつ》が生まれ、それぞれ二人称の呼び方を含めて、丁寧語《ていねい》あり、普通語あり、タメ語ありと、臨機応変《りんきおうへん》に対応しなければなりません。やっかいで気を遣わなければならないヤンキー君に、不用

意にタメ語を使おうものなら、激しいバッシングにあい、いじめにつながることもあるのです。同級生の仲間に、四六時中、気を遣わなければならない環境に、ST気質の子どもは、心身ともに疲れ果ててしまいます。

その点、年上や年下であれば、競争を強いられることはありませんし、付き合い方もシンプルで済みます。年上に対してはすべての人に丁寧語で、年下であれば常にタメ語で済むのです。ゆえに、ST気質の子どもたちは、同級生との関係は上手くいかなくても、年上、年下であれば、スムーズに人間関係を築くことができるのです。ですから、私は、思春期の時期には、無理して同級生の友だちを求めないほうがいいと、ST気質の子どもたちにアドバイスしてきました。その友だちづくりに使うエネルギーがあったら、自分の内在するスペシャルタレントを伸ばすために、エネルギーを使ったほうがいいのです。

今、不登校で学校に行っていないのであれば、地域の趣味のサークルやスポーツクラブや図書館に顔を出してみることです。異年齢の人と接することができます。自分のことを受け入れてくれる年上の人たちとお友だちになってください。きっと、今までにない楽な気持ちでコミュニケーションを楽しめると思います。

そして、コミュニケーションスキルをトレーニングしたうえで、登校できるようになったら、同級生の友だちづくりにチャレンジしてみるといいのではないでしょうか。まず、友だちは同級生でなければならないというこだわりを、解除するところから始めてみてください。

Q 学校を嫌がっています 転校させたほうがいいでしょうか

学校が嫌と言いながらも何とか通っている状態なのか、朝、下痢をしたり頭が痛くなったりという心身症状が出始めた登校しぶりの段階なのか、すでに不登校が始まっているのかなど、子どもの状況の深刻さにより、対応が違ってきます。

ＳＴ（スペシャルタレント）気質の子どもは思春期になると、学校での集団生活におけるストレスに加え、得意・不得意の差が大きくアンバランスな学力にも不安が生じ、学校嫌いの感情がぐっと強まります。中学生になると、進路に対する不安も大きくなります。

まずは、嫌だという中身をていねいに聴いてあげることです。

親の立場ではなく、カウンセラーになったつもりで話しを聴いてあげてください。思いの丈《たけ》を吐き出させ、箇条《かじょう》書きにしてみましょう。そして、負担感の度合いを〇から一〇〇の間で点数化してみると、もやもやした曖昧《あいまい》な気分が整理されます。負担感の大きい順に並べ替えるのもいいでしょう。大きな模造紙《もぞうし》に書き出して、壁に貼り出すと、家族全体で子どもの気持ちが共有できるので、みんなに自分の辛さや、苦戦している内容がわかってもらえたという安心感につながります。

例　辛さの度合　最高一〇〇点	
①　友だちが一人もいないこと	一〇〇点
②　班活動で仲間はずれにされること	八〇点
③　担任の先生の大きな声が嫌	六〇点
④　数学の授業がわからない	五〇点
⑤　苦手な体育祭が近づいてくる	三〇点
⑥　美術の宿題ができていない	二〇点

嫌なことの具体的な中身がわかってきたら、解決の手立ても見えてきます。転校うんぬんを考える前に、しっかりカウンセリングしてあげてください。

ただし、ST気質ゆえに、いじめにあっていたり、永年のストレスによって、深刻な心身症状が出ていたりする場合には、学校を休ませるとともに、もっと受容《じゅよう》度の高い学校やフリースクールに転校させることも、選択肢の一つです。

Q 子どもの不登校に、無理解な自分の家族がいて困っています。どうすればいいでしょうか

まだ世のなかには、子どもの仕事は学校に行くことであり、子どもの唯一の義務であるという学校絶対神話が存在しています。ゆえに、学校へ行くのは当り前であり、行けないのは怠《なま》けであるとか、その義務を果《は》たさない子どもを、甘やかすべきではないとか、不登校に対しては否定的な考え方が根強く、子どもの不登校を家族の全員が受け入れていくのは、容易ではありません。心から受け入れるには時間がかかります。不登校の子どもに対する接し方についても、家族のなかで温度差があるのは仕方がないことです。

不登校の子どもたちが、一番わかって欲しいと願うのは母親です。母親だけにでも、学校に行けないことで苦しんでいる、あるがままの自分を受け止めてもらうことができれば、気持ちは随分《ずいぶん》楽になります。しかし、ほかの家族がいつまでも否定的なメッセージを出し続けると、安心できる居場所を手に入れることができず、宙《ちゅう》ぶらりんで不安定な状態に置かれ続けることになります。こうなると、苦しみ続ける不登校の子どもと、否定的な家族との間に挟《はさ》まって、母親が精神的に疲弊《ひへい》してしまいます。特に夫の家族と同居していたり、実家が近くにある場合は、不登校がほとんど存在しなかった時代を生きてきた祖父母にとっては、かわいい孫の不登校は受け入れがたいことであり、母親のしつけが悪いからだとの批判も強まります。母親にとって、夫の両親からのプレッシャーは大きなストレスです。子どもを守りきろうとしながらも、その立場が揺らぐこともあるでしょう。このことが、子どもの側からすれば、信頼していた母親が、一番辛いときに、自分を守ってくれなかったという不信感を増幅《ぞうふく》させ、その後の家庭内暴力に発展することもあるのです。

また、父親が、子どもの不登校を、世間体を気にするあまり許容《きょよう》できなかったり、将来の学歴を失うことへの不安から抵抗を示したりと、子どもを苦しめ続けることも少なくありません。こうなると、夫婦で子どもをサポートする体制がとれず、夫に頼ることができない母親は孤立化し、うつ病を発症することが増えています。

学校に通っている兄弟姉妹が、不登校に追い込まれた子どもに対して、批判的な態度をとり続けて、兄弟姉妹間のトラブルに発展することもあります。

どちらにしても、家族の一人でも、不登校に追い込まれた子どもに対して、否定的なメッセージを発し続けると、家庭が安心できる居場所にはなり得ずに、回復の足かせになります。大事なことは、家族が本音で話し合いをすることです。家族が病気になったときには、家族が心を一つにして看病するはずです。家族の絆づくりのチャンスです。

家族が変わるキーパーソンは、やはり母親です。母親がまず、不登校の最大の原因であるＳＴ（スペシャルタレント）気質について理解し、家族にねばり強く働きかけてください。ＳＴ気質の子どもが一人いれば、そのほかにもＳＴ家族がいると考えられます。不登校を体験していなくても、その辛さや苦しみに共感してもらえるはずです。そうして、一人ひとり理解者を増やしてください。

今までの事例では、ＳＴ気質のジャイアン型の祖父に苦労してきた祖母が、いち早くお母さんの応援団になってくれ、祖父や父親の防波堤《ぼうはてい》になってくれたことがありましたし、子どもに一方的に学力を要求するばかりだった父親が、自分も中学・高校時代に友だちづくりが苦手だったことを自己開示したり、学校生活が苦手で、大学時代にうつの傾向《けいこう》にあったことを告白し、子どもを安心させてくれた父親もいます。

子どもの不登校で、みんなが自分の頑張る姿だけでなく、弱い部分をさらけ出し合うことで、家族の絆がより強くなり、不登校の子どもを、家族ぐるみでサポートするようになったという事例が少なくありません。

まずは、お母さんにＳＴ気質の理解を深めていただくことを願っています。

Q　相談できる人も、協力してくれる人もいないときはどうすればいいですか

今、こんな孤立した母親たちが増えています。私は、孤立して孤独で不安を抱

えた子育てを、〝孤育《こそだ》て〟と呼んでいます。夫が仕事で忙しく、実家の両親も病気がちだったり、亡くなってしまっていたりで、頼れる人がいない。また、自分自身が病んでいて、人との関係が疎遠《そえん》になっている場合もあるでしょう。誰にも頼らずに、シングルマザーで頑張っている人も多いかと思います。

そんなときには、インターネットで、公的な機関や民間のサポート機関《きかん》を探してみましょう。電話やメールでやりとりをすることができます。そのうえで、しっかりと受け止めてもらえそうなところに出かけて行って、悩んでいること、困っていることを相談してみてください。そのうえで、自分と同じ悩みを抱えている人たちの親の会や団体などを紹介してもらうといいでしょう。同じ悩みや苦しみから脱け出すことができたサバイバー（生還者《せいかんしゃ》）たちがいて、苦しんでいるのは自分だけじゃないと、安心できるとともに、解決への道筋《みちすじ》が見えて力が湧いてくるはずです。

学びリンク総合研究所	☎03-5226-5256
一般社団法人家族支援メンタルサポート協会	☎042-306-0807

これは、私が代表を務める相談機関です。どうか気軽にお電話ください。

自分の思いを吐き出すだけで、気持ちが楽になります。これからは、身近なところに、十五分だけでも、自分の話を聞いてもらえるようなピアカウンセラーを探してみてください。自分もまた、ピアカウンセラーになろうと心がけると、いざというときに相談できる人、協力してくれる人が増えていくと思います。

Q　ついイライラして上手くいきません　ストレスを溜めない方法はありますか

最も大事なことは、上手く距離をとることです。自分でも相手でもイライラし始めたと思ったら、その場を離れてください。食事のときだったら、洗面所に行って顔を洗いましょう。ちょっと外の風に吹かれるのもいいでしょう。お星さまに向かって、「イライラしちゃった」と話しかけてみるのもいいでしょう。そして、大きく深呼吸してみてください。鼻から息を吸い込んでお腹を膨《ふく》らませる、腹式呼吸を心がけてみましょう。

上手く距離がとれないときに、ストレスを溜めずに済む言葉を考えましょう。

「あんたのものの言い方がムカつく」

「なんでちゃんと返事をしないの、頭きちゃう」

「同じことを何度言わせんの！　この子は……」

というように、相手の領域《りょういき》に踏み込めば、相手も必ず反撃してきます。これではストレスは溜まるばかりです。大事なことは、相手を責めたり追求したりして、相手の領域に踏み込まないことです。自分の領域のなかで、自分の感じていることを、あるがままに表現できたら、イライラも治まります。

そのために、「今、私は」という言葉を頭につけて表現すると、相手とももめずに、自分の気持ちもすっきりします。

「今、私は、怒り出したい気分」

「今、私は、へこんでいる」

「今、私は、誰とも一緒に居たくないと思い始めている」

「今、私は、どこかへ消えてしまいたいほど、傷ついている」など。

内面感情をさらりと外に出してあげることが大事です。この負《ふ》の感情の、外への吐き出し方が上手くなると、ストレスを心身に溜め込んで、うつになる、突然キレて相手との関係を悪化させることもなくなります。

あの、アニメのドラえもんの、しずかちゃんをモデルとしてイメージしてください。しずかちゃんは、いつでも、どんなときでも、どんな相手でも自分の感情をあるがままの大きさで、さらりと表現します。辛いときには辛い、参加できないときには参加できないと言葉にし、決して無理はしません。内なる負の感情を、のび太君のように封じ込めたりはしないのです。今、ここにある感情を、その事実の大きさで自己表現（アサーション）します。ですから、しずかちゃんに対して、周囲は気を遣う必要はありません。嫌なときには嫌と言ってくれるし、うれしいときにはうれしいとあるがままで表現してくれるので、言葉の裏を読む必要がないのです。気の置けない関係を築くことができるといえるでしょう。

ＳＴ（スペシャルタレント）気質の子どもたちの周囲の人たちが、みんな、しずかちゃんのようなコミュニケーションの持ち主なら、ＳＴ気質の子どもたちも、どれだけ気楽なことでしょう。人間関係に気を遣わずに、安心して自分のスペシャルタレントに磨きをかけることができると思います。

Q 子どもが不登校になったら母親は仕事を辞めたほうがいいのでしょうか

それは辞めないほうがいいと思います。不登校の子どもたちは、ただでさえ、お母さんの期待に応えきれなかった自分を責めています。オールオアナッシングのST（スペシャルタレント）気質ゆえに、学校生活での勝利者になれず、母親の夢を奪い、母親を辛い立場に追い込んでしまったことへの罪の意識は、驚くほど強いものがあります。そこへもってきて、母親が自分のせいで仕事を辞めたとあっては、子どもたちは自分の存在を全否定せざるを得ません。

母親の期待に応えきれなかっただけではなく、母親の生きがいである仕事まで奪ってしまった自分は、この世に存在することを許されない罪人であり、一生罪を背負い続けていかなければならない。今後、自分が笑うことは許されないし、自分だけ幸せを求めることもあってはならない。一生、この部屋で罪人として、最低限の呼吸だけけして生きていかねばならないと、自分を引きこもりへと追い込んでしまうのです。ある意味、お母さんが仕事を辞めることで、子どもが外に出られないように、外側から鍵をかけてしまったといえるでしょう。

子どもたちは、何より母親が大好きです。母親には誰よりも笑顔で輝いていて欲しいと願っています。母親の笑顔に出会うために、幼いころから、苦手な学校生活でも、その勝利者になるべく耐え続けてきたのです。その命より大事な母親の仕事を奪って、自分だけのうのうと生きていくことなどできないと思いつめ、死ぬことさえ考えてもおかしくありません。

こうなると、部屋を出ることはできなくなり、引きこもりが長引くことになります。母親は活き活きと仕事を続けてください。そして、自分で感じる生きがいや幸せを、できるだけ子どもに聞かせてあげてください。そして、「お母さんのことは心配しないで大丈夫だから、あなたはゆっくり休養して、自分と向き合う時間を大切にして欲しい。しばらくの間、この家をパーソナルスペースにして、マイペースで不登校ライフを楽しんでちょうだい！」と、こんなふうに言ってもらえたら、子どもたちは、心から安心できます。母親が、不登校になり期待を裏切った今の自分でさえ受け入れてくれたというこの安心感が、再生の第一歩となるのです。

子どもにとって、うつうつとした母親と一緒に同じ空間にいることほど、耐えがたいストレスはありません。

第七章

子どもたちの未来のこと（Q&A）

ST気質の子どもに向いている学校

◎マイペースに通うことができる

・焦りや不安が減る

・体調に合わせることができる

・自分で自分を管理できる

◎1人でゆっくりできる、パーソナルスペースがある

・人付き合いの疲れを解消

・自分の気持ちを整理できる

・好きなことができる

◎自分のやりたいことができる

・自分の行動に自信が持てる
・周りに認められる
・一つのことに集中できる

◎メンタルサポーターなど、相談に乗ってくれる人がいる

・外部の人に認められる安心感
・悩みが解消される
・異年齢の人ほど話が進む

例えば…

● **通信制高校**
通う日数や場所などを自分で調節しやすく、好きなことをたくさん学べる

● **サポート校**
通信制高校の生徒をサポートする民間の教育機関《きかん》。理解のある先生方や雰囲気でのびのび通うことができる

● **フリースクール**
通うことで学校の出席扱いとされることもあり、学校教育の枠にとらわれない学びの場・居場所になっている

● **ホームスクール**
学校に通わずに（ときには学校に通いながら）、家庭で学習するスタイルのこと。通信制高校と併用で行うこともある

……………など

Q 子どもがやりたいことを見つけるにはどうしたらいいですか

思春期の子どもを持つ親にとって、大事な役割の一つが、子どもの夢を潰さないことです。子どもたちは、それぞれに素晴らしい夢を持って、思春期に入ります。プロ野球選手やサッカー選手になりたい、モデルになりたい、科学者になってノーベル賞を受賞する、お笑い芸人になってテレビで活躍する、花屋さん、小学校の先生になるなど、小学校の卒業文集に書かれた将来の夢に接すると、私は、全力で応援したくなります。

夢は見続けると実現します。自分がその夢を実現している姿がイメージできたら、その夢は八〇パーセントの可能性で実現するといわれています。イメージできると、その実現に向けて、着実に努力するからです。夢がなければ、それに近づく努力はできません。ただやみくもに努力するよりは、はっきりした成功イメージがあれば、モチベーションも高くなります。

ここで問題になるのが、子どもから夢を奪ってしまう大人たちの存在です。

「夢のようなことを言っているんじゃない。もっと現実的に考えろ！」「お前の能力でそんなことができるわけがない」「そんなことを考えるだけ無駄、それより目先の勉強をしなさい！」と、子どもの夢を否定してしまうのです。

オリンピックで活躍するスター選手たちも、芸術や芸能の世界で活躍している人たちも、みんな幼いころの夢を実現した人たちです。この人たちが幸せだったのは、能力があったこと以上に、夢を潰そうとする大人たちに出会わずに済んだことです。

大人が子どもたちの否定面ばかりを言い立て続けたら、子どもは自分のしたいことを口に出せず、何が人と違う才能なのかを見つけることができません。いくつになっても、自分が何をやりたいのかわからないまま、大人になってしまうでしょう。

ST（スペシャルタレント）気質の子どもたちは、豊かな才能にあふれています。家族がまずその片鱗《へんりん》を見つけて、そのファンになってあげてください。そして、励ましの声をかけ続けて欲しいのです。小さな頑張り、人との違いを評価してあげてください。そして、「あなたの夢を応援します」と宣言してもらえれば、どれだけ元気づけられることでしょう。必ず、スペシャルタレントが花開くはずです。

子どもは、右手の拳《こぶし》のなかには元気を、左手の拳のなかには勇気を握りしめて、産まれてくるといわれています。どうか、思春期で、元気と勇気を奪うことはしないでください。

Q　不登校は就職にひびくでしょうか

不登校は、今までの生き方に限界が生《しょう》じ、新しい生き方を探すために、神さまがお命じになった休養です。そのまま、突き進んでいれば、生命《いのち》さえ失う危険があったのです。この休養の期間に、しっかり自分を振り返り、未来に向けての自分探しに力を入れて欲しいと思います。家族が早い時期に、神さまが子どもの生命《いのち》を救うために、お命じになった休養だとして、全面的に受容《じゅよう》できれば、傷ついた心身の回復は早まり、自分探しへの意欲も高まります。

この休養の期間中に、周囲の人たちが、子どもたちのＳＴ（スペシャルタレント）気質を理解し、子どもと一緒に、その内なる才能（スペシャルタレント）を見つけ出すことが大切です。でないと、子どもたちは、自分は学校生活に適応できなかった敗者であり、一度敗者になった人間には未来は閉ざされてしまったと、自分を否定してしまうのです。しかも不登校は本人の責任によるものではありません。わが国の、集団適応・協調性・バランス型優先な、保守的で硬直した単線型学校教育システムに合わなかっただけなのです。

不登校になったことによって、生命《いのち》が救われ、新しい自分と出会うことができるのです。不登校はいいことばかりだと、周囲が前向きに捉《とら》えることが肝心です。そして、今は自分に合うシステムを見つけ出すための、準備・リサーチ期間だと共感的に話してあげると、本人も不登校を前向きに捉《とら》えることができると思います。不登校は大正解なのです。ある通信制高校の理事長先生は、「不登校は赤飯を炊いて祝いなさい！」とおっしゃっています。私も、全く同感です。

将来の職業については、競争が激しく、ノルマがあって人を物扱いするような企業や職種、それから臨機応変《りんきおうへん》さやスピードが要求される仕事、人をマネージングするような仕事は合いません。オールオアナッシングの気質ゆえに、自分が中心でワンマン体制が許されるか、誰にもじゃまされず、自分のペースで仕事ができる仕事や環境が合っています。

ST気質の子どもたちにとって、不登校はプラスにこそなれ、マイナスになることはありません。不登校で休んでいる間に、しっかり自己認知を深め、自分の才能が活かされる職業や職種をイメージすればいいのです。

先端情報関係、科学・化学分野の指導者や研究者、芸術・芸能分野、ファッション・デザイン分野、農業・漁業・林業の第一次産業、物作りを中心とする伝統工芸分野、保育・介護・リハビリ分野など、その能力と気質が活かされる分野はたくさんあります。こだわりが内なる才能（スペシャルタレント）と結びついたとき、自己実現につながり、社会にも大きな足跡を残すことになるでしょう。

Q 不登校で勉強が心配です　勉強をさせるにはどうすればいいですか

お気持ちはわかりますが、勉強のことは、本人を信じて任せ、急かせることはやめてください。心の傷が癒《い》えていない時期に、勉強のことを持ちだされると、それは、「学校に戻れ！」というメッセージと受け止められ、本人の癒《いや》され始めた心の傷が、再び広がってしまうことにもなりかねません。当面は、本人の興味・関心のある分野から、取り組ませてください。デザイン、アニメ画、ピアノ、ギター、作詞、調理、小物作り、英語のヒアリングなど、その取り組みによって、少しでもエネルギーが回復し、達成感の生まれるものがいいでしょう。得意なもの、自信のあるものに取り組んでいるうちに、少しずつ、やるべき学習課題に取り組むだけのエネルギーが充足《じゅうそく》してくると思います。

心身のエネルギーが回復してきたかどうかの目安は、子どもの笑顔です。子どもが笑うようになったり、冗談が言えたりすれば、それは次への行動準備が整ったということです。それでも、勉強するかしないかは、本人の意志・決定に任せてください。不登校は、親が持ち続けてきた決定権を、子どもに譲り渡す絶好の機会です。

ＳＴ（スペシャルタレント）気質の子どもは、何より急かされることを嫌います。「今、やろうと思っていたのに……」と、反発を招かないためには、親もじっと待つ力、本物の大人力、親力が求められます。

心身のエネルギーが回復してくると、当然子ども自身も学力の遅れが心配になりだします。オールオアナッシングですから、自信と不安のなかで、大きく揺れることが予想されます。自分がストレスを溜め込んだ同じ環境に戻って、果《は》たしてやっていけるのか、果たしてほかの道はあるのか。この不安こそ、親が一緒になって解消して欲しいのです。少人数で、ある程度、自分のペースが保障される相談学級や通級《つうきゅう》指導学級、私立のフリースクール、自宅を学校と位置付けるホームスクールなど、学習の遅れを取り戻す場所はたくさんあることを伝えてあげてください。また、勉強の遅れは、子どもがその気になればいつでも取り戻すことができます。家庭教師を付けることもできるし、塾に通うこともできます。不登校の子どもへの学習支援を掲げるボランティア団体も増えています。

親の不安は必ず子どもに伝播《でんぱ》します。子どもの不登校は、親自身が学歴絶対主義や学力至上主義から脱け出す絶好の機会です。

今までの単線型教育システムに、再び子どもを戻すことよりも、新しい学びの場に乗り換えることが、子どもの幸せだという確信を持つことで不安を一掃《いっそう》してください。そうすれば、不登校が子どもたちの未来を明るくするでしょう。

Q　ST気質の子どもに向いている学校はありますか

ST（スペシャルタレント）気質の子どもたちが力を発揮《はっき》するには、マイペース・マイシステム・マイルールが許容される、心身ともに安心できる居場所を必要とします。急かされたり、高圧的に指示されたり、競争を強いられるような環境には馴染《なじ》むことができず、ストレスを蓄積《ちくせき》します。否定面を追求するのではなく、内なる才能（スペシャルタレント）を尊重し、疲れたときにはパーソナルスペースが保障されるような環境が求められます。それから、いつでも、どこでも、不安を感じたときに相談に乗ってくれるメンタルサポーターの存在も心強く感じることでしょう。

ST気質の子どもたちは、今のわが国の単線型の教育システムでは、〝困った子ども〟として、否定的扱いを受けています。ST気質の子どもたちにとって、硬直化した現在の学校システムに合わせることは、心身ともに疲弊《ひへい》するだけでなく、自らの自尊心を大きく低下させることになるのです。子どもたちのニーズに合わせた学校があっていいはずです。子どもに合わせて学校を創る、そんな思いで、私も通信制高校の立ち上げに参加しました。その学校の理念には、私の熱い思いが込められています。

今、全国に展開する二〇〇校を超える通信制高校・サポート校は、ST気質の子どもたちが持つ、豊かな才能（スペシャルタレント）をサポートするために、実にさまざまな学科・コースを用意すると共に、体験型の選択教科や、プロが直接指導するサークル・クラブ活動など、一人ひとりのニーズに対応するための工夫がなされています。ST気質の子どもたちが安心でき、達成感とともに承認欲求が得られるような、受け入れ体制が整っているといえるでしょう。

そのうえに、ST気質の子どもたちにとって、苦手な領域《りょういき》である、人と交わる力を育てるための、ソーシャルスキルトレーニングがカリキュラム化されており、専門学校や大学、そして、社会に出たときに、複雑な人間関係に少しでも対応できるように、サポートを受けることができます。

第八章

著者×サバイバー（不登校経験からの生還者《せいかんしゃ》）

対談『家族の理解が不登校という状況を変えてくれた』

今回、対談をさせていただいた森下真帆さんとは、六年前に出会いました。ストレスから中学校時代に不登校になってしまい、紆余曲折《うよきょくせつ》を経《へ》て、私のいる通信制高校に通うことになったのです。今は大学の心理学部で学んでいます。

小さなころから、絶対音感があり、メロディを聴くと楽譜《がくふ》を見ないでピアノを弾くことができたそうです。また、新体操が得意で体を動かすのも大好き。五感の感性がとても敏感で才能

対談風景

にあふれています。その一方で、とてもストレスを溜めやすい一面もあり、まさにスペシャルタレントです。この対談では不登校になった理由、苦しかったこと、また不登校のときお母さんにどうして欲しかったかなど、ST（スペシャルタレント）気質の子たちが陥《おちい》りやすい不登校の解決方法について聴きました。

友人付き合いや部活が自分のペースに合わずストレスが溜まってしまった

森　こんにちは。今日はいろいろお話をお聞きしますが、まず子どものころはどんな子だったか教えてください。

森下　私の家は音楽をやっている家系で、幼いころから母にピアノを習っていました。絶対音感があったので楽譜を読むより、母が弾いた音を聴いて耳から覚えるほうが得意でした。それと体が弱かったので、免疫力をつける意味で新体操もしていました。新体操はすごく自分に合っていたので、楽しかったです。

森　独特な感覚をたくさん持っていたのですね。それゆえにスペシャルタレン

ト と言われるところなのだけど。森下さんは中学校で不登校になってしまったと聞いていますが、集団のなかでストレスが少しずつ蓄積《ちくせき》しているなと感じたのはいつごろですか。

森下　中学校一年生の夏ごろです。初めに頭痛がして、朝起きることができないほどだるくなりました。あと、通学のときに駅で気持ち悪くなって吐くことがありました。

森　そのことをお母さんに話しましたか。

森下　「気持ち悪くて吐いちゃった」とは伝えていましたが、まさかそれが不登校につながるとは、まだ考えていませんでした。

森　あなた自身も何でそうなるのかはわからないけれど、具合が悪い状態だったのですね。その状態はどのくらい続いたのでしょうか。

森下　一か月の間に何回かそういうことがあって、徐々にひどくなり、秋にはもう学校に行けなくなりました。

森　あなたのなかで、原因が何なのか感じていましたか。

森下　学校が嫌というよりは、女の子同士での友だち関係でした。私が通っていた中学校は幼稚園から大学まである私立の女子校で、そのころはグループの移り変わりが激しかったです。

森　そうなると自分がグループからはずされないように常に気を遣わなければならなくて疲れますよね。

森下　はい。あと部活の人間関係にも疲れていました。私の所属していた新体操部は、練習も上下関係も厳しかったです。

森　そうですか。上から目線の指導や、理不尽な物言い、急かされるというような、ＳＴ気質のあなたにとって苦手な部分が集中して起きたのですね。思春期は、あるときには競争して、あるときには協力しなくてはならない、そのバランスがとても難しいですが、競争をすることに抵抗感はありましたか。

森下　今でも競争が苦手なので、当時も抵抗感はあったと思います。

森　森下さんは運動能力もあるし、音の感性も優れていてリズム感もあるから、新体操の才能はきっとあったでしょうね。自分のペースで極めればきっと素晴らしい選手になったと思うのですが、その前に競争に抵抗感があったのですね。

森下　その中学校へは新体操部が魅力的で入ったのも理由の一つだったので、頑張ろうと頭では思っていましたが、体調が思うようにならない。部活以外の友だち関係も重なり、ふさぎ込んでしまいました。

学校に行けない自分とお母さんとのせめぎ合いが続く毎日

森　辛い記憶だと思うけど、そのときどんな状態でしたか。良かったら話してください。

森下　感情が顔に出なくなり、笑顔が出なくなりました。あと暗いなかにいると気持ちが落ち着いたので、カーテンを閉め切って光を見ないようにしていました。

森　誰にも邪魔《じゃま》されない、パーソナルスペースをつくったのですね。そこにお母さんが介入《かいにゅう》してくることはありましたか。

森下　たくさんありました。母は学校に行って欲しいと思っていたから、「何で行ってくれないの」と泣かれた日もありました。母の気持ちはわかるけど、自分でもどうしようもできませんでした。

森　不登校の子たちが辛いのはそういうところですよね。本当は本人が一番苦しいのだけど、そこをなかなかわかってもらえない。学校の先生が家に来たことはありましたか。

森下　家に来ることはなかったのですが、よく電話をくれました。ただ、先生からの電話がすごくこわくて、電話の音が鳴るたびに恐怖を感じました。

森　どこかでまだ、学校信仰から解放されてないし、親の期待に応えられない自分は罪人だって思っているところがありますよね。そういうときの電話の音は、苦しかった地獄の世界にまた戻っておいでというメッセージに聞こえてしまうかもしれませんね。

森下　先生は私を心配してくれていたし、学校に戻って欲しいと言ってくれていました。

森　でも、そこにズレがありますよね。子どもたちは自分がせっかくつかみかけている安心できる居場所へ、先生が侵入してくることに恐怖感や不安感がある。不登校になったら最低、三か月ほどはそっとしておいて欲しいのだけど、なかなか先生はそっとしておいてくれない。そうすると今度は内側から鍵をかけて引きこもる状態になる。

森下　私は自分の部屋に鍵がついていないのでトイレに引きこもっていました。そうすると母が、ドアをドンドンと叩いて、「出て来て」となってしまって……。

森　きっとお母さんも追いつめられていたんでしょうね。子どもは「行きたくても行けない気持ちをわかって欲しい」、親は「ここを頑張らないとあなたの人生ダメになるわよ」と毎日のせめぎ合いが続く。その状態からどうすれば抜け出せるか考えましたか。

森下　考えていたけど、ずっともがいているような状態で答えが見つからなかったです。自分のことをすごく否定していました。

森　存在証明を探していたのでしょうね。その時期に自分を責める人たちはうつにもなりやすい。もう死んでしまいたいと思うくらい、追い込まれましたか。

森下　だいぶ追い込まれました。実際に死のうと思ったこともあって、鎮痛剤《ちんつうざい》や睡眠薬とかをいっぱい飲んだりしたことがありました。本当に死ぬ量ではありませんでしたが。

森　もともと、敏感な気質がストレスでさらに圧迫《あっぱく》されて、オーバードラッグもしてしまったのですね。

家族に認めてもらえたことが回復のきっかけになった

森　時間が経《た》つにつれ、お母さんはどのように変わってきましたか。

森下　中三あたりに「辛かったね。あの学校は向いてなかったね」という言葉をかけてもらったことはあります。

森　お母さんのほうから、「辛かったね」と言ってもらえて、ホッとしましたか。

森下　そうですね。少しは……。

森　二年間の引きこもり生活で、あなた自身も気持ちの整理がついてきただろうし、お母さんもそういう肯定的な言葉が出てきて、少し前に動き出すわけですね。

森下　はい。そのころ進路も考え始めました。学校で面談もあり、先生に「どうするの?」と聞かれて……。でも、そのまま系列の高校に進んでも不登校になるという確信がありました。そんなとき、今まで何も言わなかった父が通信制高校を調べてくれて、「こういう学校もあるよ」と教えてくれました。私は父がしつけや教育に関与《かんよ》しない人と思っていたので、そういう提案をされて、すごくびっくりしました。

森　それまでは、いい娘を演じている自分しか認めてもらえないと思っていたけど、お父さんが通信制高校を紹介してくれたことにより、苦戦している自分でも、娘として認めてもらえたという安心感が、その後の状況を変えてきたかもしれないですね。

森下　不登校のときはお先真っ暗と思っていましたが、高校に見学に行って、そこに進路を決めて、やっと区切りがついたと思えました。

森　日本では小・中・高と学校で勉強して大学に行って、そこからしか未来につながらないような学校信仰があるので、途中でつまずいてしまうプレッシャーや不安は大きいでしょうね。

森下　すごく大きかったです。

森　だから、本当は助け合うべき家族なのに、その不安が大きくなり、渦巻《うずま》いてしまうと、対立が長引き、そのせいで歩み寄るまでに少し時間がかかってしまいますね。

辛い気持ちを共有できる人と出会い救われた

森　高校生活について、少し話をしてください。

森下　初めは通えるかなって不安もありました。けど、不登校を経験した子と友だちになれて、そういう経験を共有できたことがとても良かった。

森　隠すことのない関係は安心できるし、同じような体験をした人と一緒にいることは大切かもしれないですね。体調は少しずつ戻ってきましたか。

森下　自分のペースに合わせて通える学校だったので、安心感があり、徐々に体調は良くなりました。

森　自分のニーズに合わせて生活を組み立てられるようになって、ペースを引き戻したのかもしれませんね。

森下　今、学校に行けなくなって、出口が見つからず、もがき苦しんでいる子や、その子のお母さんにメッセージをいただけますか。

森　私の経験からお話しすると、不登校の間はどんどん孤立して、自己否定感が強まってしまうので、自分の好きなものとか得意なことなどができる場所を、学校とは違うところでつくるといいと思います。そこでほめられたり、少しでも人と接したりすることです。

一番身近なお母さんは、とにかく焦《あせ》らないで、その子のペースを大事にしてもらえたらいいなと思います。否定的な言葉を少しでも減らしてみて欲しいです。

森下　家族のコミュニケーションをちょっと変えて欲しいということですね。あと、働いているお母さんは仕事を続けたほうがいいですよね？

森　そうですね。絶対辞めないほうがいいです。

森　お母さんが「今日はこんなことがあって楽しかった」と言っているほうが子どもも幸せになれる。四六時中責めたり、泣かれたり、落ち込んだりするより仕事して輝いているほうがいい。親に一番必要なのは信じて待つことと、気持ちを吐き出せる場所をたくさん持つことですね。

森下　そうですね。家のなかで私のことを話されるのも辛かったから、ある程度距離をとって、外部に気持ちが向いたり相談するのはいいと思います。

森　思春期のうちはお母さんに踏み込まれたくない部分もありますものね。子どもが距離を取るには自分の部屋に引きこもるしか方法はないのだから、お母さんのほうから上手に距離を取ってもらえるとありがたいですよね。一番いいのは〝親の会〟などに行って、自分と同じような経験をしている人と話して、「自分だけじゃなかった」とホッとすること。そこから解決が始まります。

不登校になることは決して不幸なことではなく、本当は幸せなことではないでしょうか。最後まで無理をして突き進んでいたら、子どもが命を失うことにもなりかねません。不登校は家族みんなで乗り越えることにより、家族の絆が復活するきっかけにもなります。森下さんは実際にそういう経験をされてきた。そうして、今がある。今、不登校で悩んでいる人には、そういうサバイバー（不登校経験からの生還者）がいることを知ってもらって、出口は必ず見つかると確信してもらえたらいいですね。今日は本当にありがとうございました。

森下　ありがとうございました。

あとがき

〝スペシャルタレント〟、〝ST気質〟などの呼称を、初めて眼にされた方々が多いと思いますが、どんな感想をお持ちになったでしょうか。

周囲から理解してもらえず、自分を肯定できないスペシャルタレントの子ども、若者、大人たちがどんどん増えています。スペシャルタレントの人々が、自らの気質を認知《にんち》し、家族をはじめとする周囲の人々のサポートを得ることができれば、日本の未来は確実に変わると思います。

スペシャルタレントの人々は、わが国の少数民族の立場におかれています。彼らは、わが国の年々硬直化していく単線型の教育システムや、ますます激しさを増す企業の営利至上主義、消去法的な人事評価、人と違うことを許容できない集団主義などに対して、これ以上、自らを適合させることができずに、自らの身体を張って、異議申し立てをしているのではないでしょうか。もっと、一人ひとりの個性を大切にして欲しい、そんな社会であって欲しいと訴える存在であると思います。

わが国は、かつて他人と違う才能を持つ人たちが、豊かな文化を育む土壌《どじょう》がありました。だからこそ、世界に誇る文化が花開いたのです。そこには、異質な才能を持つ人々へのリスペクトがありました。

しかし、戦後七〇年近くたって、あらゆる階層、組織の画一化《かくいつか》、硬直化が進み、異質なものを受け入れるキャパシティが、どんどん狭くなってしまったのです。組織のなかで苦戦している人々が悪いのではありません。組織が異質なものを許容《きょよう》できるしなやかさや、幅の広さを失ったがゆえに、人と違う感性や個性を持つスペシャルタレントの人々が苦しむことになったのです。

不登校、引きこもり、出社拒否はマイノリティーの反撃ののろしです。もっともっと広がれば、わが国のあり方が変わらざるを得なくなるでしょう。

この本を通して、一人でも多くの人々が、未末に輝くスペシャルタレントの存在を知り、応援団になってくださるとともに、自分を知るきっかけにしていただければ幸いです。

最後に、私の要望に振り回されながらも、最後までお付き合いいただいた、学びリンクの高橋さん、快《こころよ》く対談に応じていただいた森下さんに、心より感謝申し上げます。

平成二十四年十二月吉日　森　薫

未来に輝け！
スペシャルタレントの子どもたち

2013年２月26日　初版第１刷発行
2016年９月９日　　　第２刷発行
2019年７月29日　　　第３刷発行
著　者　森薫
発行者　山口教雄
発行所　学びリンク株式会社
〒102-0076 東京都千代田区五番町 10番地 JBTV五番町ビル2F
電話　03-5226-5256　FAX　03-5226-5257
ホームページ　http://manabilink.co.jp
印刷・製本　株式会社　光陽メディア

ISBN978-4-902776-72-0